Heiner Geißler **«Wo ist Gott?»**

Gespräche
mit der nächsten Generation

Rowohlt Taschenbuch Verlag

Veröffentlicht im Rowohlt Taschenbuch Verlag GmbH,
Reinbek bei Hamburg, Dezember 2002
Umschlaggestaltung any.way, Barbara Hanke
(Illustration: Charley Case)
Gesamtherstellung Clausen & Bosse, Leck
Printed in Germany
ISBN 3 499 21213 7

Die Schreibweise entspricht den Regeln
der neuen Rechtschreibung.

Für Dominik, Lucile, Michael,
Annett, Nikolai, Mechtild, Helena,
Hannah, Merle und Paul

Inhalt

Vorwort

Auch während der politischen Auseinandersetzungen der letzten Jahrzehnte hat mich die Frage nach dem Sinn des Lebens immer umgetrieben. In einem meiner politischen Bücher (1990) habe ich in einem kurzen Kapitel die Frage gestellt: Existiert Gott? Und kam zu dem Ergebnis, dass es sich mit den Gottesbeweisen ähnlich verhalte wie mit der Seilsicherheit beim Bergsteigen: Die Kletterseile haben alle eine Sturzgarantie, aber wenn es ernst wird, und es kommt zum Sturz, weiß man nie, ob sie nicht doch reißen. Aus dieser Erkenntnis entwickelten sich viele Gespräche mit meinen Söhnen, ihren Freunden, mit Berufsschülern und Abiturienten, ihren Eltern, mit Mitgliedern der katholischen und evangelischen Jugend ebenso wie mit Studenten und politisch interessierten jungen Menschen. Die – fast unendlich – vielen Fragen und Antworten habe ich in diesem Buch niedergeschrieben und in sieben Gesprächen zusammengefasst.

Heiner Geißler
Gleisweiler, im Juni 2000

Erstes Gespräch
Über die Zweifel der Menschen, die Gottes-
beweise und über Antworten der Weltreligionen

Mitte der neunziger Jahre sind in Srebrenica in Bosnien-Herzegowina über 10 000 Zivilisten von serbischen Milizen brutal ermordet worden. Das ist doch entsetzlich. Warum lässt Gott so etwas zu?
Es gibt noch viel schlimmere Beispiele. Von 1940 bis 1945 haben die Nazis sechs Millionen Juden vergast, zu Tode geschlagen oder sonst wie umgebracht. Darüber regt sich die ganze Welt heute noch auf, völlig zu Recht.
Aber dann ist es doch umso schlimmer!
Ob Gott bei diesen Verbrechen eine Rolle spielt, wird ein zentrales Thema unserer Diskussion werden. Aber zunächst will ich euch etwas Schockierendes sagen. Es klingt fast unmenschlich. Aber es ist wahr und bringt uns zum eigentlichen Problem. Der letzte Weltkrieg hat 52 Millionen Tote gekostet. Es sind aber nicht mehr Menschen umgekommen als ohnehin gestorben wären, zu 100 Prozent an jedem Ort, zu jeder Zeit. Die Statistik des Todes ist eindeutig: Von hundert Menschen sterben hundert.
Aber das ist doch nicht in Ordnung! Die einen bringen die anderen um und können deswegen länger leben. Und meistens sind es die Ärmeren und die Schwächeren, die sich weniger gut wehren können oder nicht so gesund leben können, weil sie zum Beispiel nicht genügend zu essen haben.
Ihr habt Recht. Im Lebensalter und in den Todesumständen gibt es himmelweite und himmelschreiende Unterschiede. Aber ich habe auch Recht: Der Tod ist total demokratisch. Er macht alle gleich, egal, ob jemand Präsident ist oder bei der Müllabfuhr arbeitet.

Was glaubst du, warum die Menschen überhaupt über Gott nachdenken?
Ich glaube, dass in einer ruhigen Stunde alle wissen, dass sie irgendwann irgendwie sterben müssen. Und viele wollen sich damit nicht abfinden und sagen sich, wenn ich jetzt mit achtzig oder sechzig oder fünfzig Jahren sterben muss – das kann es nicht gewesen sein. Es muss doch hinterher irgendwie weitergehen.

Aber kann durch die Gentechnologie nicht erreicht werden, dass die Menschen nicht mehr sterben? Durch die moderne Medizin kann man ja heute schon das Leben verlängern. Unser Lehrer sagt, noch vor dreißig Jahren seien die Menschen in Deutschland im Schnitt zweiundsiebzig Jahre alt geworden, heute werden sie achtzig Jahre alt. Wir haben bald nur noch Oldies im Land.
Aber den Tod kann man deswegen doch nicht verhindern. Man kann einen Unfall erleiden oder wird von einem Verbrecher erschossen. Dann ist man auch tot.

Aber vielleicht entwickelt die Gentechnologie irgendwann den schussfesten Menschen, oder zerstörte Organe wachsen einfach nach.
Dann werden aber sieben Milliarden Menschen und ihre Nachkommen immer älter und älter und älter werden. Unsere kleine Erde wäre mit einer solchen Entwicklung vollkommen überfordert. Irgendwann wäre auf der Erde gar kein Platz mehr, und man müsste anfangen, die überzähligen Leute vielleicht auf dem Mars oder auf dem Mond anzusiedeln, falls man dort überhaupt Lebensmöglichkeiten schaffen kann.

Dann müsste eben entschieden werden, wer auf den Mars oder auf den Mond muss und wer hier auf der Erde bleibt.
Ich glaube, dass es allein wegen dieser Frage schon große Kriege geben würde und sich die Menschen dann eben mit Gewalt umbringen würden.

Okay. Die Unsterblichkeit des Menschen auf dieser Welt macht echte Probleme, aber wie steht es mit dem Leben nach dem Tode? Diese Frage beschäftigt doch viele Menschen, und viele haben Angst vor dem Tod.

Der griechische Philosoph Epikur hatte sich darüber schon vor 2300 Jahren eigene Gedanken gemacht. Er selber hatte ein ziemlich pragmatisches Verhältnis zum eigenen Tod. Vor dem Sterben setzte er sich in einen Bottich voll heißen Wassers, trank darin Wein und unterhielt sich, bis sein Tod eintrat. Leider ist das Sterben nicht immer so angenehm. Aber Epikur meinte – und das ist ja nicht so ganz falsch –, man solle sich wegen des Todes nicht so viele Gedanken machen, man könne ihn ohnehin nicht ändern, und oft sei die Angst vor dem Tod schlimmer als der Tod selber. «Solange wir sind, ist der Tod nicht da, und sobald er da ist, sind wir nicht mehr», schrieb er an seinen Freund Menoikeus. Man muss zugeben, dass dies gar nicht so unlogisch ist.

Und er hat damit auch offen gelassen, ob es nach seiner Meinung nach dem Tode weitergeht oder nicht.

Ob es nach dem Tode noch ein weiteres Leben gibt, das hängt eben mit der Frage zusammen, ob es einen Gott gibt. Und deswegen bestreiten diejenigen, die die Existenz Gottes leugnen, auch ein Weiterleben nach dem Tode, und umgekehrt glauben diejenigen an ein Leben nach dem Tode, die an Gott glauben.

Ist der Tod der einzige Grund, warum die Menschen über Gott nachdenken?

Nein, mit Sicherheit nicht. Wenn man einmal über die rasende Ausdehnung des Weltalls nachdenkt, dann kommt man aus dem Staunen genauso wenig heraus wie bei der sensationellen Entzifferung des menschlichen Gen-Codes. Aber damit haben wir natürlich Gott noch längst nicht bewiesen.

Ist es denn überhaupt sinnvoll, über Gott nachzudenken, wenn man ohnehin an allem zweifeln kann?

Es gibt ganze Generationen von Philosophen, die alles in Zweifel ziehen. Ihr kennt es aus dem täglichen Leben, wo man oft sagt, da bin ich aber skeptisch, ob das stimmt, was uns die Lehrerin sagt oder was der Michael gesehen hat. Es gab aber auch einen Philosophen, der etwas ganz Gescheites gedacht hat, nämlich, dass man an allem zweifeln könne, aber nicht daran, dass man selber denkt. Also existiere man auch. Cogito, ergo sum – ich denke, also bin ich –, sagte dieser berühmte Philosoph – ein Franzose. Er hat im 17. Jahrhundert gelebt und heißt René Descartes.

Aber wenn ich weiß, dass ich existiere, dann weiß ich ja noch lange nicht, ob Gott existiert.

Das hat dieser Philosoph genauso gesehen, und deswegen hat er in die Trickkiste gegriffen und behauptet, wenn der Mensch die Existenz Gottes denken könne, dann müsse Gott auch existieren, denn was es nicht wirklich gibt, könne man nicht denken.

Das kann doch auch nicht richtig sein. Ich könnte mir ja zum Beispiel vorstellen, ich sei der Gescheiteste in meiner Klasse, in Wirklichkeit habe ich in Englisch sogar eine Vier.
Stimmt. Natürlich kann ich mir Sachen denken, die nicht wirklich existieren. Aber wenn ich nichts in der Brieftasche habe, dann nützt es mir gar nichts, wenn ich denke, dass 100 Mark darin sind. Ich kann natürlich die Möglichkeit, dass da eines Tages mal 100 Mark reinkommen, nicht ausschließen, aber es ist eben nicht die Wirklichkeit.

Wäre es nicht am allerbesten, man könnte die Existenz Gottes so beweisen, wie man beweisen kann, dass $2 \times 2 = 4$ ist?
Das wäre in der Tat das Beste. Aber leider hilft uns auch die Mathematik nicht viel weiter. Sie ist nämlich selber nicht ohne Widersprüche, abgesehen davon, dass man zu höchst unterschiedlichen Ergebnissen kommt, je nachdem welche Voraussetzungen man annimmt. Außerdem hat ein Mathematiker namens Kurt Gödel etwas ganz Fundamentales

bewiesen, dass nämlich ein Zahlensystem, das in sich widerspruchsfrei ist, niemals vollständig sein kann. Das bedeutet, dass die Mathematik nie in der Lage sein wird, eine vollständige und gleichzeitig widerspruchsfreie Beschreibung der Wirklichkeit zu entwerfen.

Das klingt jetzt aber ziemlich verwirrend. Das heißt doch, dass die Wissenschaft sich mit ihren Erkenntnissen selber blockiert?

Ihr habt sicher schon davon gehört, dass Albert Einstein, wohl der berühmteste Physiker des 20. Jahrhunderts, bewiesen hat, dass sich Teilchen, also beispielsweise auch Informationen über das Internet, niemals schneller als mit Lichtgeschwindigkeit ausbreiten können. Deswegen glauben viele Wissenschaftler, dass die Weltraumforschung in der Zukunft keine so große Bedeutung mehr haben wird. Menschen werden vielleicht eines Tages zu anderen Planeten unseres Sonnensystems reisen können. Doch wenn eine Überlichtgeschwindigkeit unmöglich sein sollte, dann braucht man nicht einmal den Versuch zu unternehmen, einen anderen Stern, geschweige denn eine andere Galaxie zu besuchen. Ein Raumschiff, das eine Geschwindigkeit von 1,6 Millionen Stundenkilometer erreichen könnte, würde noch immer fast 300 Jahre brauchen, um unseren nächstgelegenen Nachbarstern Alpha Centaurie zu erreichen.

Im Raumschiff Enterprise gibt es aber einen «Warp-Antrieb», der mit Überlichtgeschwindigkeit arbeitet.

Das ist – leider – noch Science-Fiction. Stephen Hawking, ein anderer berühmter Physiker, den ihr sicher kennt, hat sich damit befasst, und er ist zu dem Schluss gekommen, dass bei einem solchen Tempo durch die Regeln der Quantenphysik die Teilchen, aus denen unser Körper aufgebaut ist, bis zur Unkenntlichkeit durcheinander gewirbelt werden würden, auf Deutsch gesagt: kein Mensch würde so etwas überleben.

Aber kann man vielleicht durch das Nachdenken über diese unglaublichen Dinge zu dem Ergebnis kommen, dass es Gott gibt?

Wir werden sehen, dass man seine Existenz auf jeden Fall nicht ausschließen kann. Gerade die Naturwissenschaften öffnen uns den Blick in eine grandiose, aber auch widersprüchliche Welt, die scheinbar keine Grenzen hat und doch nach bestimmten Gesetzen lebt, so zum Beispiel der Lichtgeschwindigkeit und der Gravitation im Weltall. Beim Blick in dieses Universum stellt man sich fast zwangsläufig die Frage, kann so etwas Faszinierendes aus sich heraus kommen oder muss dafür nicht eine Ursache vorhanden sein, die das alles in Gang gesetzt hat.

Dann könnte man vielleicht Gott doch beweisen?

Lange Zeit hat man geglaubt, dass man Gott richtig beweisen könne, fast so, wie $2 \times 2 = 4$ ist. Aber wir haben ja gesehen, dass der Verstand an Grenzen stößt, und dann gibt es auch viele Dinge, die wir mit dem Verstand gar nicht begreifen können. Was man sich zum Beispiel nur schwer vorstellen kann, ist die allgemeine Relativitätstheorie von Albert Einstein, dass nämlich der Weltraum gekrümmt ist. Und dass es nicht drei Dimensionen gibt, die ihr kennt, sondern eine vierte Dimension, nämlich die Zeit. Das Herausragendste dieser berühmten Theorie ist die Beschreibung unseres expandierenden Universums, in dem der ganze Raum durch die kollektive Gravitation von Hunderten von Milliarden Galaxien gekrümmt wird.

Und weiß man, wie dieses Universum entstanden ist?

Es ist herrschende Meinung, dass unser Universum vor ungefähr dreizehn bis siebzehn Milliarden Jahren mit einer gigantischen Explosion begann, aus der heraus der gesamte Raum und die gesamte Materie entstanden sind. Auf den Punkt kommen wir später, so hoffe ich, noch einmal zu sprechen.

Wir haben gehört, dass Albert Einstein noch eine ganze Reihe von unverständlichen Thesen aufgestellt hat.

Sie sind zum Teil unverständlich, aber trotzdem bewiesen. So zum Beispiel, dass, je schneller ihr euch bewegt, umso langsamer die Zeit für jemanden vergeht, der euch beobachtet. Und auch je schneller ihr euch bewegt, desto mehr nehmt ihr an Masse zu. Das hat zum Beispiel zur Folge, dass die Triebwerke die Geschwindigkeit eines Raumschiffes zunehmend weniger effektiv erhöhen können. Und dass das Raumschiff, je schneller es sich bewegt, desto kürzer wird. Bei der Lichtgeschwindigkeit, das sind 299 783 Kilometer in der Sekunde, hört die Zeit auf, und das Raumschiff hat die Länge null und seine Masse ist unendlich.

Aber das ist doch völlig unmöglich.

Auch Einstein war sich darüber im Klaren. Aber er hat daraus das richtige Fazit gezogen, dass man nämlich die Lichtgeschwindigkeit nie erreichen kann.

Aber ist es dann nicht richtig, zu sagen, dass diese phantastischen Dinge irgendeine Ursache haben müssen und dass diese Ursache Gott ist? Denn stimmt es nicht, dass die Welt voller Wunder ist, wohin man auch blickt: die Blätter auf den Bäumen, von denen keines wie das andere ist, die Tiere, die Schönheit der Farben?

Jedenfalls liegt es nahe, so zu denken. Aber vielleicht kann alles ganz anders sein.

Wie meinst du das?

Zum Beispiel könnte die Wolke von Milliarden von Galaxien, die sich in unserem Universum ausgedehnt haben, bloß ein Fragment sein, ein Teil eines viel größeren Universums, in dem ein Urknall nach dem anderen stattfindet und in dem ganz andere Gesetze gelten.

Aber dafür muss es dann doch auch eine Ursache geben? Die Annahme, dass alles eine Ursache haben muss, widerspricht doch nicht der Vernunft?

Mit Sicherheit nicht. Aber ob man diese Ursache Gott nennen kann, steht auf einem anderen Blatt Papier. Es könnte auch so sein, dass die Gesamtheit der ganzen Welt, von den Bergen angefangen über die Menschen bis zu den fernen Milchstraßen und den schwarzen Löchern, das Absolute darstellt, wie das zum Beispiel andere Weltreligionen für richtig halten. Und können nicht auch die Entwicklung, Unvollkommenheit und Endlichkeit zum Absoluten gehören?

Wenn man nicht glaubt, dass Gott die Welt erschaffen hat, wie kann man dann ihre Entstehung erklären?

Von Anfang an haben sich die Menschen mit den so genannten «letzten Dingen» beschäftigt. Für die Sumerer zum Beispiel begann die Welt mit der geschlechtlichen Vereinigung von Erde und Ozean oder bei den Babyloniern von Süßwasser- und Salzwasserozean, für die alten Griechen entwickelte sich die Welt aus einem Urstoff, wieder andere vertraten die «Schöpfung aus dem Nichts».

Das sind ja eigentlich ziemlich moderne Vorstellungen, oder nicht?

Jedenfalls haben die Alten einiges geahnt. Das werden wir noch bei der Entwicklung des Lebens durch «Zufall und Notwendigkeit» sehen – eine spannende Geschichte, das kann ich jetzt schon voraussagen, die aber schon der alte Demokrit vor 2400 Jahren erkannt hatte.

Welche Erklärungen haben denn die heutigen Weltreligionen?

Die zentrale Frage ist ja immer das Verhältnis des Menschen zum gesamten Kosmos. Die Frage nach dem Woher und Wohin des Menschen wird in den Religionen Indiens und Ostasiens unterschiedlich und oft gegensätzlich zum Christentum, dem Islam und dem Judentum beurteilt. Zum Beispiel kennen die Hindus den absoluten Urgrund des Seins, das Brahman, in dem das Atman, das heißt die Seele, der Geist des Menschen, aufgeht, mit dem es eins ist.

Und was sagen zum Beispiel die Buddhisten?
Sie glauben an die Wiedergeburt des Menschen, an den
Wiedereinstieg aller Menschen in den Kreislauf der Gebur-
ten. Von dieser ständigen Begegnung mit Leid und Tod
erlöst sich der Mensch durch Wissen, sittliches Leben, Meditation und geht dadurch ins Nirwana ein, ins «Erlö-
schen», in das Ende von Gier, Hass und Leid.

**Im Fernsehen gab es einmal einen Film über Indien, in dem
viele große und kleine Tempel gezeigt wurden, aber auch
Götterstatuen und viele andere Altäre. Dann glauben die
Inder zum Beispiel doch an Götter und nicht an Brahman?**
Ich glaube, man kann einen Hindutempel mit einer katholischen Barockkirche vergleichen. Auch die Christen glauben an mehrere «Götter» wie die Inder, sie nennen sie nur
anders, nämlich «Heilige», «Engel», so etwas Ähnliches
sind die Götter, die «Devas», der Hindus, nämlich eher Heilige oder Halbgötter.

**Nun war neulich in der Zeitung zu lesen, dass zum Beispiel
in Afghanistan, wo die Taliban eine Art islamistische Theo-
kratie, also eine Theologen-Diktatur errichtet haben, es
verboten sei – neben vielen anderen Verboten, die es dort
gibt –, zu fotografieren und Bilder herzustellen, und von
unseren türkischen Freunden hören wir, dass im Islam insgesamt eine große Abneigung gegen religiöse Bilder, ja
sogar gegen jede Form der Malerei und der Bildhauerei
vorhanden sei.**
Das hängt damit zusammen, dass der Islam einen anderen
gedanklichen Ursprung hat als zum Beispiel der Hinduismus. Die großen Weltreligionen haben zwei unterschied-
liche Wurzeln, man kann auch sagen entstammen zwei
unterschiedlichen Kulturkreisen. Der indogermanische Kulturkreis umfasst die Länder, in denen indogermanische
Sprachen gesprochen werden, dazu gehören grob gesprochen vor allem Europa und Indien. Es ist ziemlich sicher,

dass der räumliche Ursprung der europäischen und indischen Völker in dem Gebiet um das Kaspische und Schwarze Meer liegt, von wo aus die Menschen vor wahrscheinlich 4000 Jahren nach Norden und Westen und nach Südosten zogen. Der andere Kulturkreis, der semitische, stammt von der arabischen Halbinsel, und zu ihm gehören vor allem die Araber und die Juden. Und weil Jesus ein Jude war, im Übrigen auch Paulus und alle Apostel, die wir aus der Bibel kennen, hat auch das Christentum eine semitische Wurzel.

Du hast aber jetzt immer noch nicht erklärt, warum man in Afghanistan nicht fotografieren darf.

Dies hängt mit der Religion und den mit der Religion verbundenen Vorstellungen von Gott zusammen. Die Religionen semitischen Ursprungs, also der Islam, das Judentum und das Christentum, kennen nicht viele Götter, sondern nur einen Gott, und von diesem einen Gott soll sich der Mensch keine Bilder machen – das steht schon im alten Testament, und daran halten sich bis auf den heutigen Tag weite Teile des Islam und des Judentums. Und weil das «Erschaffen» eine Domäne des einen Gottes ist, sollen die Menschen ihn durch Bilder und Skulpturen nicht «nachäffen».

Aber im Christentum, das hast du vorhin selber gesagt, gibt es Bilder und Skulpturen wie Sand am Meer.

Das Christentum hat sich, wie wir wissen, vom damaligen Palästina nach Europa ausgedehnt, und dort stieß es auf den indogermanischen Kulturkreis, in dem die Menschen viele Götter kannten, wie zum Beispiel die Römer, die Germanen und die Griechen, wie wir schon gesehen haben, und das Christentum hat sich angepasst und auch die darstellende Kunst in seine Vorstellungswelt aufgenommen, ohne den Glauben an einen Gott aufzugeben.

Worin liegen denn nun die Hauptunterschiede zwischen den jeweiligen Weltreligionen?

Ich plädiere zunächst einmal dafür, dass wir den chinesischen Konfuzianismus bei unserer Suche nach Gott schweren Herzens weglassen. Denn die Chinesen selber sehen im Konfuzianismus eine Morallehre, die den «erhabenen Grundsatz von Ehre und Pflicht» aufstellt, ohne an eine Gottheit zu appellieren. Die indogermanischen Religionen dagegen kannten von Anfang an Götter, auf die sie sich beriefen, entwickelten allerdings dann – vor allem im Hinduismus und eingeschränkt im Buddhismus – eine Vorstellung von Gott, die man Pantheismus nennt, dass nämlich das Göttliche in der Natur der ganzen Welt, auch in den einzelnen Dingen, anwesend sei und der Mensch als Teil dieser von Gott durchwirkten Natur durch Selbstbesinnung und Meditation die Einheit mit dem Göttlichen erlangen könnte. Diese Gedanken finden wir auch im Christentum wieder, wenn wir zum Beispiel an die Askese und Mystik denken, wie sie in den religiösen Orden, zum Beispiel dem Benediktinerorden, praktiziert werden. Ein wichtiger Unterschied besteht auch in der Geschichtsauffassung. Die indogermanischen Weltreligionen, also zum Beispiel der Hinduismus und der Buddhismus, gehen davon aus, dass die Geschichte immer wiederkehrt, dass sie wie die Jahreszeiten ständig wechselt und wiederkommt. Man redet hier von einem zyklischen Geschichtsbild. Bei den semitischen Religionen hat die Geschichte irgendwann einmal angefangen, und zwar, als Gott die Welt erschaffen hat, und sie läuft auch auf ein bestimmtes Ende zu.

Das würde ja dem entsprechen, was du vorhin von der Entstehung des Weltalls gesagt hast, dass nämlich das Universum mit einer gigantischen Explosion begonnen hat und sich immer weiter ausdehnt.

So ist es. Hier gibt es klare Parallelen zwischen den naturwissenschaftlichen Erkenntnissen der Kosmologie und den unterschiedlichen religiösen Vorstellungen. So findet man zum Beispiel in Indien einen alten Glauben, dass die Welt sich ausdehnt, aber dann wieder in sich zusammenfällt und sich dann wieder ausdehnt und wieder zusammenfällt. Das heißt, die Inder bringen mit der Vorstellung von «Brahmanstag» und «Brahmansnacht» das zum Ausdruck, was man heute modern das pulsierende Modell des Universums nennt, das darin besteht, dass es nach der gigantischen Ausdehnung des Universums wieder zu einer Kontraktion kommt und die Welt zum Kern der Ursprungsexplosion zurückgeführt wird, um dann erneut zu explodieren. Es gibt aber auch die andere Vorstellung – wir werden das alles ja noch näher kennen lernen –, dass die Welt sich immer weiter ausdehnt und nicht mehr zusammenzieht und schließlich in einem kosmologischen Nirwana endet. Das würde eher den semitischen, aber auch den christlichen Vorstellungen entsprechen, die ja von einem Ende der Welt ausgehen.

Dann gibt es also auch Gemeinsamkeiten zwischen den Weltreligionen?

Es gibt Unterschiede, zum Beispiel das in unseren Augen menschenunwürdige Kastenwesen in Indien oder die Diskriminierung der Frauen in Teilen des Islam. Aber es gibt auch große Gemeinsamkeiten: zum Beispiel übereinstimmende Grundsätze und Gebote in der Ethik, dass man nicht töten, stehlen, lügen soll. Das ist eine große Chance, eines Tages eine einheitliche Weltordnung und eine Weltregierung zu schaffen.

Aber was ist nun der wichtigste Unterschied zum Christentum?

Wenn man so eine Frage überhaupt richtig beantworten kann, dann sehe ich doch den Hauptunterschied darin, dass die Religionen Asiens im Grunde genommen keine Vorstellung von einem personalen Gott haben, wie das im Islam und im Christentum und im Judentum der Fall ist. Der

Mensch ist dort eigentlich allein auf der Welt und kann nur sich selber erlösen. Leid und Tod des einzelnen Menschen werden erst aufgehoben in der Vereinigung mit dem Weltganzen.

Bei diesem Glauben kommt aber der Mensch ziemlich schlecht weg.

Wie man's nimmt. Der entgegengesetzte Weg, den das Judentum, das Christentum und auch der Islam eingeschlagen haben, ist auch nicht sehr viel einfacher; diese drei Religionen gehen nämlich von Gott als einer universal gültigen Person aus, die aus dem Tohuwabohu den Kosmos geschaffen und gestaltet hat. Der Mensch kommt dabei theoretisch besser weg. Er ist Höhepunkt und Ziel der gesamten Schöpfung. Das Problem von Schmerz und Leid beantwortet das Christentum dadurch, dass Gott selber die Menschen davon erlöst. Der Islam kennt das Problem der Erlösung nicht. Allerdings bleibt das Christentum auf der Frage sitzen, warum Gott Schmerz und Leid erst mal ermöglicht hat, um die Menschen hinterher davon wieder zu befreien. Dieses Problem haben die asiatischen Religionen nicht, weil sie einen personalen Gott, dem man solche Vorwürfe machen könnte, nicht kennen.

Zweites Gespräch
Über die Gründe gegen Gott, über Atheismus
und Materialismus

Ist es wahr, dass es bei den alten Griechen einen Philosophen gab, der ein Gift trinken musste, weil er öffentlich erklärte, er glaube an keinen Gott?
Das war Sokrates. Er musste einen Becher mit Schierlingssaft trinken, einen ziemlich ungesunden Drink mit Todesfolge. Aber er hat nur die vielen Götter abgelehnt, die damals bei den Griechen vorhanden waren, also Zeus und Hera, Aphrodite und Hermes, Poseidon und Ares. Und er hat behauptet, dass nicht Zeus und die Götter den Regen bringen, sondern die Wolken. Das hat ihn das Leben gekostet.

Da haben wir's. Das war wahrscheinlich kein Einzelfall, dass mit der Religion Unsinn begründet worden ist. Ist dies der Grund, warum viele Menschen – auch Philosophen und Wissenschaftler – an keinen Gott glauben?
Ja, diese Geisteshaltung nennt man Atheismus. Das ist ein Fremdwort, das aus dem Griechischen kommt. Theos heißt Gott und A heißt ohne, also Atheismus gleich: ohne Gott. Vielleicht sollten wir uns zunächst ein bisschen damit beschäftigen, herauszufinden, ob diejenigen, die Gott leugnen, eigentlich Recht haben. Denn wenn die Gründe *gegen* Gott nicht stichhaltig sind, kann es vielleicht auch aus diesem Grund ganz vernünftig sein, an ihn zu glauben.

Also fangen wir einmal damit an.
Ihr habt sicher schon davon gehört, dass in der Bibel steht, Gott habe den Menschen nach seinem Bild geschaffen. Könnte es aber nicht genau umgekehrt sein, dass nämlich die Menschen sich Bilder von Gott geschaffen haben, den es

aber in Wirklichkeit gar nicht gibt, dass also Gott nichts anderes ist als ein Produkt der menschlichen Phantasie?

Dann ist Gott in den Augen dieser Menschen nichts anderes als ein Idealbild, das sich die Menschen gemacht haben?

Ja, das kann man so sagen. Und deswegen meinen sie, es sei viel wichtiger, dass die Menschen sich mit den Menschen selber beschäftigen sollten. Nicht Gott sei wichtig, sondern der Mensch. Und anstatt sich mit irgendetwas Überirdischem zu befassen, von dem man ohnehin nicht wisse, ob es existiert, sollte man sich mit dem befassen, was wirklich existiert, was man sehen und was man fühlen kann und mit dem man sprechen kann, also mit dem Menschen. Der Mensch als solcher wird dann zu einer Art irdischem Gott gemacht.

Klingt doch gar nicht so verkehrt, was diese Atheisten denken.

Richtig, aber es ist noch kein Beweis dafür, dass es Gott nicht gibt. Sich für den Menschen einzusetzen kann ja auch vereinbart werden mit dem Glauben an Gott.

Wir haben aber neulich gelesen, dass Religion und Moral deswegen gar keinen Sinn mehr hätten, weil die technische Entwicklung, der Computer, das Internet, und die Unternehmen, die auf der ganzen Welt sich zusammenschließen, sich nur noch auf irdische, materielle Güter ausrichten, also auf Kapital, Geld und Profit, auf Macht, Einfluss und Marktanteile, und dadurch alle überirdischen Gedanken zur Makulatur werden.

Ich glaube, dass genau das Gegenteil eintreten wird. Die Geschichte hat bewiesen, dass die Welt vor allem durch Ideen verändert wird. Das Bewusstsein prägt die Entscheidungen der Menschen, und wer die Macht über die Ideen und ihre Verbreitung hat, hat auch Macht über die Menschen. Durch das Internet, aber auch schon früher durch die modernen Möglichkeiten der Telekommunikation, wie das Satellitenfernsehen oder den weltweiten Rundfunk, sind die Ideen zum ersten Mal wirklich frei geworden und konnten voll ihre ansteckende Kraft entfalten. Durch das Internet wird dies in einer phänomenalen Weise verstärkt und erreichen die Ideen auch solche Bereiche der Erde, die bisher wegen der sprachlichen Komplikation ideell nur schwer beeinflusst werden konnten, also zum Beispiel China. Durch die Information des Internets wird das Monopol über das Wissen in den Händen weniger gebrochen. Wissen ist Macht, und deswegen gab es immer auch Herrschaftswissen. Das Internet bricht mit der Monopolisierung des Herrschaftswissens und eröffnet damit auch der Demokratie eine neue Chance, aber eben auch der Verbreitung des Glaubens an Gott. Außerdem beginnt sich, um auf eure ursprüngliche Frage zurückzukommen, die Erkenntnis durchzusetzen, dass auch die Wirtschaft ohne moralische Ordnung im Chaos landet. Das sehen immer mehr Menschen so. Was glaubt ihr, warum zum Beispiel die Sekten einen solchen Zulauf haben?

Das kann ja damit zusammenhängen, dass die Kirchen und die Pfarrer die Menschen nicht mehr richtig ansprechen.
Jedenfalls haben die Kirchen kein Monopol mehr, wenn es um die Frage geht, gibt es Gott oder gibt es keinen Gott. Wenn ihr das Fernsehen anschaut, dann seht ihr in den Talkshows immer mehr Vertreter von Psychogruppen und Outingszenarios, viele Psychotherapeuten, Psychologen und zum Teil richtige Spinner, die ständig Antworten auf die Fragen anbieten, die die Menschen bewegen, nämlich, warum sie da sind, was das Leben für einen Sinn hat, und natürlich dann eben auch, ob es ein Leben nach dem Tode gibt.

Aber da sind wir ja wieder bei dem Bedürfnis des Menschen, an etwas zu glauben, was er gerne hätte, aber was

er nicht beweisen kann. **Ist es dann nicht viel besser, dass man nicht an einen Gott, sondern einfach an die Menschen glaubt?**

Soll man dann auch an den Menschen glauben, der andere foltert und tötet? Es waren ja Menschen, die sechs Millionen Juden vergast und im Archipel Gulag auch Millionen von Menschen umgebracht haben. Genauso, wie es schwierig ist, nach Auschwitz an Gott zu glauben, der angeblich oder wirklich so etwas zugelassen hat, genauso schwer kann man dann aber an den Menschen glauben und ihn zum Maßstab aller Dinge machen, denn er hat ja schließlich diese Verbrechen begangen.

Damit ist aber Gott noch längst nicht aus dem Schneider.

Aber umgekehrt sind die Gründe dieser Atheisten auch nicht überzeugend. Daran ändern auch so gute Sprüche wie zum Beispiel von Ludwig Feuerbach, einem berühmten Atheisten, nichts, dass nämlich er als Atheist an Stelle des Glaubens die Liebe setzen wolle, an Stelle der Religion die Bildung und an die Stelle der Pfaffen, so nannte man damals die Pfarrer abschätzig, die Lehrer.

Aber ein Dummkopf war der nicht!

Es klingt tatsächlich gut. Aber stimmt es deshalb? Der Glaube an Gott schließt doch die Liebe zu den Menschen nicht aus, wie zum Beispiel Millionen von Ordensschwestern und Diakonissen täglich beweisen. Und religiöse Menschen können sehr gebildet, können große Musiker sein, wie zum Beispiel Johann Sebastian Bach. Viele Pfarrer sind gleichzeitig auch gute Lehrer.

Dieser Feuerbach wird doch einen Grund gehabt haben, um so etwas zu sagen?

Natürlich sind solche Sätze auch die Reaktion auf Missstände in der Kirchengeschichte, zum Beispiel auf die Kreuzzüge oder die Inquisition, wo von der Liebe zu den Menschen nicht mehr eine Spur zu erkennen war. Oder dass die Religion sich gegen die Wissenschaft stellte, also gegen die Bildung. Ein weit schlimmeres Beispiel als Sokrates ist die Verurteilung Galileo Galileis durch das Lehramt der katholischen Kirche, der richtigerweise behauptet hatte, dass sich die Erde um die Sonne dreht und nicht umgekehrt die Sonne um die Erde.

Müssen denn die Kirchen nicht aus einer solchen Kritik auch etwas lernen und sie ernst nehmen?

Aber hallo, das will ich meinen. Ich sehe heute zwei große irdische Aufgaben für die Religionen. Sie müssen sich massiv in die Diskussion um eine gerechte Weltwirtschaftsordnung einschalten, um die Exzesse des globalen Kapitalismus zu beseitigen. Und sie müssen endlich auf allen Ebenen die Gleichberechtigung der Frauen akzeptieren und unterstützen. Sie müssen aufhören, zum Beispiel den Körper abzuwerten und die sexuellen Beziehungen zwischen den Menschen zu problematisieren.

Aber es gibt doch sicher noch bessere Argumente gegen die Religion als diese unbewiesene Behauptung, Gott sei ein Phantasieprodukt.

Ein berühmter Einwand gegen die Religion stammt von dem Philosophen Karl Marx, der diesen Einwand auf einen knappen Nenner gebracht und gesagt hat, Religion sei das Opium des Volkes.

Könnte er damit das gemeint haben, was man immer wieder in den Zeitungen lesen kann, dass nämlich junge Muslime zum Beispiel in Algerien oder Tunis oder im Sudan im Namen Allahs zu Fanatikern und Extremisten werden?

Die Islamisten finden einen so großen Zulauf, weil sie den Menschen das Paradies im Himmel versprechen, vor allem, wenn sie für den Islam ihr Leben einsetzen; das führt dann sogar dazu, dass Frauen und Männer sich freiwillig bei Terroranschlägen ums Leben bringen. Denn sie glauben, wie zum Beispiel die Heilsfront in Algerien oder die Hisbollah im Libanon, sie würden dadurch Gott dienen und ein gutes Werk verrichten und deshalb unmittelbar ins Paradies, in einen der sieben Himmel des Islam, kommen, wo sie dann von großäugigen Jungfrauen empfangen und betreut werden.

Nicht übel, diese Religion!

Aber das führt halt dazu, dass sie, fanatisch, wie sie sind, sich gar nicht mehr um die Gegenwart, sondern nur noch um das Paradies kümmern und nicht mehr überlegen, ob die von ihnen praktizierte Gewaltanwendung überhaupt einen Sinn macht.

Aber kann man denn nicht verstehen, dass die Menschen, wenn sie in Not sind, eine Hoffnung brauchen und Zuflucht im Glauben suchen?

Verstehen kann man das schon, und in der Tat bekommen die Religionen immer dann besonders Zulauf, wenn es den Menschen dreckig geht und sie von der Religion Hilfe erwarten. Zum Beispiel waren in der DDR unter der Herrschaft des Kommunismus die Kirchen voll, weil die Menschen in ihrer Not und in ihrer Bedrängnis in den Kirchen Hilfe und Zuflucht suchten und von ihnen die Befreiung erhofften oder auf jeden Fall in den Kirchen einen Freiraum gesehen haben, der sie vor der Allmacht des autoritären Staates schützen sollte.

Dann könnte es also sein, dass der Glaube an Gott nichts anderes ist als eine Vertröstung aufs Jenseits, weil es einem im konkreten Leben so schlecht geht?

Jedenfalls ist es auffällig, dass immer dann, wenn es den Menschen gut geht, oder anders gesagt, dass in Staaten und Gesellschaften, die einen hohen Lebensstandard haben, auch der Glaube an Gott zurückgeht und dass in den Elendsvierteln der Erde die Religionen mit ihren Vorstellungen von Gott und einem Leben im Jenseits nach dem

Tode wesentlich mehr Zustimmung finden als in den hoch entwickelten und industrialisierten Ländern.

Kann es dann vielleicht so sein, dass die Religion auch für die Reichen und Mächtigen nützliche Dienste leistet? Denn wenn das leidende Volk auf das Jenseits vertröstet wird, kommt es nicht auf dumme Gedanken, zum Beispiel auf die Idee, die sozialen Verhältnisse zu ändern und die Machthaber, die es ausbeuten, zu stürzen.

Das war eine ganz richtige Beobachtung von Karl Marx, aber er hat etwas übersehen, nämlich, dass die Religion, vor allem die christliche, in der Menschheitsgeschichte die Menschen nicht nur betäubt, sondern auch rebellisch gemacht hat. Nicht umsonst gab es ständig Christenverfolgungen. Der christliche Glaube war sehr oft eine Herausforderung für Despoten und Diktatoren, von den römischen Kaisern bis zu Stalin, Hitler und den jetzigen chinesischen Machthabern.

Du behauptest also, dass die Religion auch eine Revolution zum Besseren sein kann?

Ja. Zum Beispiel wollen diese jungen Islamisten, die fanatisch gegen die bestehende Ordnung kämpfen, ja nicht nur in den Himmel, sondern den islamischen Gottesstaat auf Erden errichten, von dem sie glauben, dass er den Menschen mehr Gerechtigkeit bringt. Die Religion ist eben schon immer auch ein Protest gegen unmenschliche gesellschaftliche Verhältnisse gewesen. Nur hat sich die Religion oft vor den falschen Karren spannen lassen.

Man bekommt aber immer mehr den Eindruck, dass dem Islam genau dies heute passiert. Indem er sich verstärkt mit einem islamisch-panarabischen Nationalismus identifiziert.

Da ist sicher etwas dran, wobei die Hauptstoßrichtung gegen die Existenz des Staates Israel geht, gegen den die meisten arabischen Staaten ja auch den Dschihad, das heißt den Heiligen Krieg, erklärt haben. Auf der anderen Seite muss man aber auch anerkennen, dass es starke Kräfte im Islam gibt, die auf eine friedliche Lösung des Palästinakonfliktes und eine Aussöhnung mit Israel hinarbeiten.

Aber ist denn der Gedanke so falsch, dass man, anstatt an Gott zu glauben und immer ständig am einzelnen Menschen und seinen Sünden herumzumachen, einfach die gesellschaftlichen Verhältnisse, die den Menschen unterdrücken und erniedrigen, verändern müsste?

Karl Marx hat einmal den berühmten Satz gesagt: «Die Philosophen haben die Welt nur verschieden interpretiert. Es kommt darauf an, sie zu verändern.» Das kann man auch mit der Religion machen.

Denkst du, das hätte zum Beispiel auch Jesus sagen können?

Warum nicht? In der Zeit, in der Jesus gelebt hat, also vor 2000 Jahren, gab es Machthaber – zum Beispiel die römischen Kaiser, aber auch die Schriftgelehrten und die Mitglieder des Hohen Rates bei den Juden, die die Religion, zum Beispiel die jüdische, dazu benutzt haben, ihre Untertanen klein zu halten. Und genau dagegen hat Jesus rebelliert.

Aber Jesus wird doch immer als der Sanftmütige hingestellt, der, wenn ihn einer ins Gesicht schlägt, sagt, schlag mich noch einmal.

Das war ja gerade die Revolution: ein Appell an die Menschlichkeit des Gegners. Der Jesus-Biograph Matthäus berichtet: «Nachdem die Menschenscharen seine Reden gehört hatten, gerieten sie außer sich.» Das kann ja keine Süßholzraspelei gewesen sein, was Jesus den Menschen gesagt hat. Jedenfalls haben Millionen von Christen die Armut und das Elend bekämpft und neue sozialpolitische Ideen entwickelt und dadurch bewiesen, dass Marx mit seiner Behauptung, Religion sei Opium des Volkes, nicht unbedingt Recht hat.

Aber hatte die Kritik von Marx nicht auch gute Gründe?

Natürlich, aber sie betrafen die konkreten Versäumnisse der Kirchen, vor allem in der Beantwortung der Alten Sozialen Frage, also der Arbeiterfrage. Aber Marx hat mit seinen Perspektiven grundsätzlich nicht Recht behalten und Lenin erst recht nicht, wenn man an das Scheitern des Kommunismus spätestens durch die Revolution Ende der achtziger Jahre des letzten Jahrhunderts denkt.

Wie ist es zu erklären, dass gerade in den früheren sozialistischen Ländern der Glaube an Gott einen solchen Aufschwung bekommen hatte, zum Beispiel in Polen, aber auch in der ehemaligen DDR?

Wir haben vorhin schon miteinander besprochen, dass der Glaube an Gott dann immer großen Zuspruch findet, wenn die Menschen in Not sind oder man ihnen neue Götter, wie zum Beispiel Einheitsparteien, aufzwingen will. Sogar in der früheren Sowjetunion ist es nicht gelungen, trotz einer religionsfeindlichen stalinistischen Gesetzgebung und einer antireligiösen Propaganda vom Kindergarten bis ins hohe Alter, die Religion auszurotten. Es gab eine rigorose atheistische Erziehung in den Schulen, Religionsunterricht für Jugendliche war auch in den Gemeinden verboten, der Atheismus ein wissenschaftliches Pflichtfach für Universitäten und Hochschulen, fast alle Kirchen wurden geschlossen und in der ganzen Sowjetunion sämtliche Priesterseminare bis auf drei verboten.

Achtzig Jahre nach der Oktoberrevolution ist jedoch nicht die Religion, nicht das Christentum, aber sehr wohl der Kommunismus verschwunden.

Kann man denn aus der Kritik von Marx nicht etwas lernen, wenn man Christ sein will?

Zum Beispiel, dass der Kapitalismus kein Naturgesetz ist, sondern eine Wirtschaftsideologie, die unter Umständen über Leichen geht, was wir im Moment gerade bei dem

Turbokapitalismus einer globalisierten Ökonomie erleben. Das Kapital ist eben nicht alles, und der Tanz um das Goldene Kalb ist schon einmal schief gegangen. Der Kapitalismus ist genauso falsch wie der marxistische Sozialismus. Die Auswüchse des Kapitalismus darf ein religiöser Mensch, vor allem ein Christ, nicht akzeptieren.

Haben die Kirchen daraus keine Konsequenzen gezogen?

Doch. Seit das Christentum existiert, haben sich die Kirchen – nicht die Staaten – um Krankenpflege und Hilfe für die Armen gekümmert. Das machen sie auch heute noch auf der ganzen Welt. Aber in unserer modernen Welt äußert sich Nächstenliebe nicht nur in Lazaretten und warmen Suppen, sondern bedeutet Altersvorsorge, Krankenversicherung, Mitbestimmung, Kündigungsschutz. Die Kirchen haben zum Beispiel im 20. Jahrhundert durch ein geistiges Bündnis von Volkswirtschaftslehre und Religion, genauer gesagt durch das Bündnis der so genannten Ordoliberalen mit der katholischen Soziallehre und evangelischen Sozialethik, die Soziale Marktwirtschaft geschaffen, die wohl erfolgreichste Sozial- und Wirtschaftsphilosophie der neueren Wirtschaftsgeschichte. Aus dieser Wirtschafts- und Sozialphilosophie ist vor allem in Westdeutschland ein so hohes Maß an Wohlstand gerade für die Arbeiter entstanden, dass im Vergleich dazu der Sozialismus keine Chance mehr hatte.

Dies gilt aber doch nicht für Ostdeutschland. Da wird ja dauernd darüber geredet, dass der Wohlstand weit hinter Westdeutschland zurückbleibt.

Das ist eben gerade die Folge der Existenz des kommunistischen Systems in Ostdeutschland während über vierzig Jahren.

Neulich war in der Zeitung zu lesen, dass die Armut auf der Welt immer größer wird, dass 250 Millionen Kinder zwischen fünf und vierzehn Jahren unter den Bedingun-

gen von Leibeigenschaft, Prostitution, Schuldknechtschaft, Zwangs- und Sklavenarbeit ihren Lebensunterhalt verdienen müssen. So etwas schreit doch zum Himmel und lässt einen an Gott verzweifeln.

Das ist noch längst nicht alles. Ihr kennt den Microsoft-Boss Bill Gates, einen großartigen Mann, der tolle Erfindungen gemacht hat. Dessen Vermögen betrug 1999 hundert Milliarden Mark. Das soll ihm niemand nehmen wollen. Die «Bild»-Zeitung hat einmal ihre Leserinnen und Leser gefragt: «Wollt ihr mit ihm tauschen? Er kann am Tag ja auch nicht mehr als drei Schnitzel essen.» Da hat die Zeitung schon Recht, aber das eigentliche Problem besteht ja darin, dass eine Milliarde Menschen weder drei Schnitzel noch zwei noch ein Schnitzel am Tag essen, sondern pro Tag weniger zum Leben haben als den Gegenwert eines Dollars. Und drei Milliarden haben kein sauberes Trinkwasser und haben keine ständige ärztliche Versorgung.

Aber so etwas können Menschen, die an Gott glauben, doch nicht für richtig halten.

Ich glaube, dass viele Menschen, nicht nur Christen, diese Zustände kritisieren. Aber es kommt darauf an, ob man diese Zustände verändern und zugunsten der Menschen verbessern kann.

Die Kirchen könnten doch ihr ganzes Vermögen verkaufen, selbst der Papst in Rom seine Paläste, und dann könnte man dieses Geld den Armen auf dieser Welt geben.

Also, Paläste hat er nicht, aber prachtvolle Kirchen. Nur, die gehören ihm nicht, und man kann sie auch nicht verkaufen, weil sie architektonische Kunstwerke sind und ihre Unterhaltung viel Geld kostet. Aber selbst wenn man den ganzen Vatikan verkaufte, würde das nicht viel weiterhelfen, denn den Menschen soll ja auf Dauer geholfen werden und nicht dadurch, dass sie einmal einen größeren Batzen Geld auf die Hand bekommen.

Aber wie soll man das machen?

Ich glaube, dass die Entwicklungshilfe – auch die der Kirchen, die Radiostationen aufbauen, Modellvorhaben für die Bauern durchführen, Brunnen bohren – gut und wichtig ist und den Menschen vor Ort auch hilft. Auch spenden die Christen in Deutschland ja sehr viel Geld, zum Beispiel für Adveniat, Brot für die Welt, Misereor. Alles tolle Sachen und gute Werke. Aber im Grunde genommen ist das nur eine Art Trostpflaster und kann die grundlegenden Probleme der Armut auf der Welt nicht lösen.

Was müssten die Christen denn dann tun?

Ich glaube, dass wir auch global eine Wirtschaftsordnung brauchen, die so wie die Soziale Marktwirtschaft den Menschen Arbeitsplätze ermöglicht, von denen sie leben können. Das ist eine ganz schwierige Aufgabe. Aber die Christen müssten sich in aller Welt mit anderen religiösen Menschen politisch zusammenschließen, um so etwas durchzusetzen. Und eines Tages wird man eine Weltregierung brauchen, die dann eine solche Ordnung auch garantiert.

Glaubst du nicht, dass es viel zu lange dauern wird, bis eine solche Idee Erfolg hat?

Viele sagen, das ist eine Utopie und eine Illusion, die nie erreicht werden kann. Ich bin da ganz anderer Meinung. Vor zwölf Jahren waren zum Beispiel Polen, Tschechien und Ungarn Mitglieder eines sowjetischen Militärpakts, der gegen Deutschland, die Vereinigten Staaten, Frankreich und England gerichtet war. Wenn ich damals, sagen wir in Leipzig oder in Cottbus, in einer Rede gesagt hätte, dass Polen, Tschechien und Ungarn im Jahre 1999 nicht mehr Mitglieder des Warschauer Paktes, sondern Mitglieder der NATO sein würden, hätte mich die Stasi, das heißt die Geheimpolizei der DDR, von der Stelle weg verhaftet. Und in Westdeutschland wäre ich vielleicht in eine Nervenheilanstalt gebracht worden, weil die Leute gesagt hätten, der spinnt, der hat eine Macke.

Aber daran geglaubt hast du damals auch nicht, oder?
Nein. Aber elf Jahre später, im Jahre 1999, ist genau das passiert. Die Zukunft rückt immer näher, wie manche Forscher sagen. Die Zeit scheint schneller abzulaufen. Deswegen kann man gar nicht darauf warten, bis sich so etwas von selber ergibt, sondern muss daran arbeiten. Warum sollen sich ausgerechnet diejenigen, die an Gott glauben, daran nicht beteiligen?

Wir haben noch etwas anderes. Pfarrer nennen sich doch auch Seelsorger. Nun haben wir neulich in der «Süddeutschen Zeitung», die da haufenweise bei dir herumliegt, gelesen, dass andere Seelenärzte, nämlich die Psychiater, früher auf die Religion gar nicht gut zu sprechen waren.
Auch in unserer Nachbarschaft wohnt ein Psychiater, und der behandelt in seiner Praxis Menschen, die geistig verwirrt sind, die deprimiert sind, die einen seelischen Schaden haben. Oder denkt an unsere Nachbarin, die manchmal auf die Straße läuft und anfängt zu schreien. Aber nicht, weil sie von ihrem Mann geschlagen wird, sondern weil sie einfach Angst hat, furchtbar deprimiert ist und gar nicht mehr weiterleben will.

Warum sind denn viele Psychiater gegen die Religion?
Weil die religiöse Erziehung bei vielen Menschen dazu geführt hat, dass sie keine gesunde Einstellung zum Leben bekommen haben. Zum Beispiel glauben viele, sie würden dauernd eine Sünde begehen, oder man hat ihnen gesagt, dass Gott einer ist, der Rache nimmt, der die Menschen furchtbar bestraft. Deshalb können sie vor lauter Angst vor dem Tod gar nicht mehr richtig leben, sondern flüchten sich in den Alkohol oder in die Drogen. Nun kommen diese Dinge heute nicht mehr so häufig vor wie früher. Aber richtig ist, dass

zum Beispiel die Moraltheologie den Menschen die geschlechtliche Liebe und die Sexualität verteufelt hat.

Aber das ist doch vielleicht eine falsche Interpretation der Religion gewesen?

Auf jeden Fall des Evangeliums, das wir ja noch näher kennen lernen werden. Aber lange Jahrhunderte hindurch hat die Moraltheologie den Menschen eher das Falsche eingebläut. Das ist heute sicher besser geworden. Und deswegen gibt es heute auch viele Ärzte und Psychiater, die die positiven Seiten der Religion entdeckt haben, genauso, wie dies ja die Pfarrer tun, die sich, wie ihr sagt, Seelsorger nennen und den Menschen in ihrer Not helfen wollen. Viele werden zunehmend orientierungslos, manche sogar richtig krank und bekommen Angst vor der Zukunft. Deswegen gibt es heute immer mehr Gespräche zwischen Pfarrern und diesen Ärzten, um über diese Fragen gemeinsam zu reden.

Neulich gab es eine Meldung, dass ein Mann Aktien gekauft hat, und zwar von einer Internetfirma. Und zunächst ist die Aktie immer mehr wert geworden, und plötzlich – das war im März oder April 2000 – ist die Aktie nach unten gesaust und hat an Wert verloren. Und weil der Mann diese Aktien mit einem Darlehen gekauft hat, war er ruiniert, und er hat sich dann das Leben genommen. Ist der Mann denn nicht krank gewesen?

Nun, kein Mensch verliert gerne Geld. Aber wenn sich jemand vom Geld so abhängig macht, dass er sich umbringt, wenn der Aktienkurs runtergeht, dann ist er an seiner Seele krank, und darin stimmen immer mehr Pfarrer und Ärzte überein. Der berühmte Psychoanalytiker Erich Fromm hat darüber geschrieben und gesagt, das Wichtigste sei doch, dass man überhaupt existiere, von Menschen Liebe erfahre und sich darüber freuen könne. Aber viele seien damit gar nicht zufrieden, sondern würden nur danach trachten, immer mehr zu haben.

Meint man damit den «Tanz um das Goldene Kalb», von dem du vorher schon geredet hast?

Genau. Diese Gier nach immer größerer Vermehrung der Güter und des Geldes, was auch die Industrie und die Werbung den Menschen ständig einreden, führt eben dazu, dass manche Menschen verrückt werden. Gott ist dann in weiter Ferne.

Wir sind doch vor ein paar Wochen nach Berlin gefahren, das weißt du, mit der Klasse. Da musste ich 30 Mark mitbringen. Und die Martha, die du kennst, ist eine Sinti und hat die 30 Mark von ihren Eltern nicht bekommen. Sie hat dann doch mitfahren können, weil sie von der Schule einen Freiplatz bekommen hat. Aber erst hat sie geweint und hat gesagt, ihr Vater habe gemeint, sie solle sich an solche Sachen gewöhnen, sie seien arme Leute: und wer nichts hat, ist nichts.

Genau dieses Denken ist falsch. Jesus hat einmal etwas sehr Hartes gesagt: Eher geht ein Kamel durch ein Nadelöhr, als dass ein Reicher in den Himmel kommt. Man sollte in der Schule den Kindern sagen, dass Geld, das Besitzen von Dingen oder das Gefühl, mehr zu sein als andere, weniger gut und wichtig ist, als ständig an sich selbst zu arbeiten, auch andere Menschen gern zu haben und ihnen zu helfen. Das tut der Seele gut. Und wenn ihr euch einmal die Geschichte anguckt, dann könnt ihr sehen, dass die großen Geister der Menschheit genau so gelebt haben: Buddha, Mutter Theresa, Jesus und Mahatma Gandhi. Sie waren Helden der Liebe, Helden ohne Macht, die keine Gewalt anwandten, die nicht herrschen wollten und die im wahrsten Sinne des Wortes nichts *haben* wollten. Es waren Helden des Gebens und des Teilens.

Aber wenn man kein Geld hat, ist es auch nicht so schön. Man kann dann auch weniger Gutes tun.

Das habe ich auch nicht gemeint. Man darf sich nur nicht

vom Geld vollständig abhängig machen und glauben, wenn man viel Geld habe, dann sei man schon ein toller, guter und glücklicher Mensch.

Bei unserem letzten Besuch in Berlin haben wir eine ganze Menge jüngerer Leute gesehen, die aus den Ministerien oder aus den Banken herauskamen und in der größten Hitze schwarze Anzüge, weiße Hemden mit grauer Krawatte anhatten, mit einem Aktenköfferchen in der Hand. Und da konnte man schon den Eindruck kriegen, dass viele junge Leute diese Monetendenke total verinnerlicht haben.

Da ist schon etwas dran. Es hat sich eine richtige Yuppiegeneration entwickelt, wo die Leute fast nur noch Karriere, Aktien und das entsprechende Outfit im Kopf haben. Auf der anderen Seite glaube ich aber auch, dass es eine Gegenbewegung gibt. Ich denke mal an die Loveparade, diese Megademonstration von Millionen von jungen, schrillen, halb nackten Technomaden, eine Demonstration gegen Gewalt, für mehr Toleranz und viel Liebe mit einer Million «Partysanen», die sich mit Aussagen wie «We are one family» oder «Let the sunshine in your heart» identifizieren. Ganz Berlin wird in einen gigantischen Dancefloor verwandelt. Vom Müll einmal abgesehen, den die Leute da hinterlassen, halte ich das doch für eine unglaublich gute Entwicklung. Hoffentlich lassen die Leute sich nicht kommerzialisieren.

Das nächste Mal gehen wir da auch hin. Da geht ziemlich die Post ab. Aber glaubst du, dass diese Kids etwas von Gott wissen wollen?

Warum nicht? Jedenfalls stehen sie Gott näher als deutschnationale Skinheads, die Ausländer zu Tode hetzen.

Da sind wir total deiner Meinung. Als wir mit dir bei der Spirit 'n' fun night der katholischen und evangelischen Jugend der Pfalz in Speyer waren, wo du abends im Dom geredet hast, da hast du gesagt, die Menschen, die diesen

Dom gebaut haben, müssen einen sehr starken Glauben gehabt haben.

Überlegt mal, wenn dieser Dom oder der Mainzer Dom, den ihr auch kennt, oder der Kölner Dom ganz umsonst gebaut worden wären, weil Gott nämlich gar nicht existiert – da muss man sich aber mehr als eine Frage stellen, zum Beispiel was das für die Menschen bedeutet, wenn alle diese Monumente der Religion für nichts und wieder nichts errichtet worden wären.

Aus der Sicht dieser Menschen doch ein echter Horror.

Ich meine, bewiesen ist mit einer solchen Argumentation natürlich nicht alles. Aber ganz blöd sind die vielleicht auch nicht gewesen, die das alles gebaut haben: die Kathedrale in Reims, die Maya-Pyramiden in Yucatan, die Schir-Dor-Medrese in Samarkand, die große Moschee von Kairouan, den Tempel von Borobudur, den großen Stupa in Sanchi und die Sixtinische Kapelle – das Kulturerbe der Welt. Sind alle diese Kirchen um ein Nichts herum gebaut worden? Und wäre es nicht sonderbar, wenn alle großen Denker, die an Gott geglaubt haben, von den alten Indern und Griechen bis zu heutigen Nobelpreisträgern, wirklich nur im wahrsten Sinne des Wortes «nichts» gedacht hätten? Wie würde denn unsere Welt aussehen, wenn an der Stelle Gottes ein bloßes Nichts wäre, ein großes Loch, eine unendliche Leere? Darüber muss man schon nachdenken.

Drittes Gespräch
Über das Recht des Stärkeren, den Übermenschen
und den Tod Gottes

Der Vater von Nelli hat einmal gesagt, die Frage, ob Gott existiert, interessiere ihn viel weniger, fast überhaupt nicht, auf jeden Fall viel weniger als die Frage, ob es grüne Männchen vom Mars oder fliegende Untertassen gibt.
Ich finde, das ist ziemlich kurzsichtig, was der Vater von Nelli da gesagt hat. Natürlich würde unser Leben sich ändern, wenn wir plötzlich eine Invasion aus dem Weltall bekämen. Aber wenn Gott tatsächlich nicht existierte, wenn die meisten Menschen nicht mehr an einen Gott glaubten, könnte das nicht auch Folgen, vielleicht sogar schlimme Folgen, für unsere Gesellschaft haben?
Welche?
Nur langsam! Es gab im 19. Jahrhundert einen berühmten Philosophen, Friedrich Nietzsche, einen sprachgewaltigen großen Denker, der genau das zu Ende gedacht hat. Er sagte nicht nur, Gott ist eine Erfindung, ist Opium, ist Infantilismus, also: Gott ist tot, sondern er sagte: Gott bleibt tot – und meinte damit, dass auch die Folgen des Gottesglaubens beseitigt werden müssen.
Also die Zehn Gebote zum Beispiel oder die Peterskirche und der Dalai-Lama?
Zum Beispiel. Aber so genau hat er es auch nicht gesagt. Er erzählte einmal die Geschichte von Buddha. Nach seinem Tod hätten seine Anhänger noch jahrhundertelang in einer Höhle seinen ungeheuren schauerlichen Schatten gezeigt. Gott sei tot, sagt Nietzsche. Aber wir müssten auch noch seinen Schatten beseitigen!
Kann man denn einfach alles beseitigen, was mit Gott in

Zusammenhang gebracht wird, zum Beispiel, dass man nicht töten, dass man den Nächsten lieben, dass man nicht stehlen soll, dass man schwächeren Menschen helfen muss?

Es gibt einen tollen Schlager, der die Melodie einer symphonischen Dichtung hat, die der Komponist Richard Strauß komponiert hat: «Also sprach Zarathustra.» Dieser Zarathustra ist für Nietzsche das Antibild Gottes, ein Übermensch, der stärker und mächtiger als alle anderen Menschen ist und der macht, was er will.

Wenn der Übermensch sein Ideal ist, gilt dann für Nietzsche überall nur und ausschließlich das Recht des Stärkeren?

Ja. Diese Philosophie nennt man auch Nihilismus. Er nennt Gut und Böse einen alten Wahn, lobt den gesunden Menschen, den Krieg, den Kampf, den Hass, die Härte und den Gehorsam. Er hebt die Aristokratie in den Himmel und verdammt die Demokratie.

Also ein richtiger Rambo?

Ja, der Wille zur Macht ist das eigentliche Ziel des Lebens. Für diesen Übermenschen, der Gott ersetzen soll, zählen nur die körperlich und geistig Starken, die Vornehmen, die Privilegierten. Er ist schonungslos gegen sich selbst. Er will vernichten, was mittelmäßig ist. Er propagiert Härte und Grausamkeit. Er verfolgt ohne Rücksicht auf Opfer seine Interessen, wenn dies seiner Macht nützt.

Hat sich denn diese Philosophie durchgesetzt?

Das kann man wohl sagen. Adolf Hitler zum Beispiel, der Millionen Juden umgebracht hat, war ein Anhänger von Nietzsche und hat in seinem Buch «Mein Kampf» ausdrücklich dieses Recht des Stärkeren gegenüber den Schwachen propagiert.

Aber hat das nicht auch Darwin behauptet?

Der hat was anderes gesagt. Nach meinem Verständnis behauptet Darwin nicht, dass in jedem Fall der Stärkere überlebt. Sonst wären ja die Dinos auch nicht ausgestorben. Vielmehr überlebt derjenige, der am besten an die Bedingungen seiner Umwelt angepasst ist. Er redet vom «survival of the fittest». Und wahrscheinlich bringen soziales Verhalten und ein freundlicher Umgang miteinander bessere Überlebensbedingungen als der totale Kampf eines jeden gegen jeden. Und das ist auch kein schlechtes Argument, dass der weltweite Siegeszug des Menschen zu einem Gutteil seinen hoch entwickelten sozialen Fähigkeiten zu verdanken ist. Das bringen manche Verhaltensforscher durcheinander und kriegen es nicht auf eine Reihe.

Richtig! Du hast ja wegen der Ausländerfrage schon oft mit Verhaltensforschern gestritten, zum Beispiel mit Irenäus Eibl-Eibesfeldt, die der Auffassung sind, dass sich die Menschen im Grunde genauso verhielten wie die Tiere. Das heißt, diese Verhaltensforscher geben doch den Nihilisten geradezu Recht?

Jedenfalls werden sie leicht missverstanden, wenn sie behaupten, die Menschen seien nichts anderes als gesellige Säugetiere, sie sicherten sich wie Braunbären und Wölfe ihre Territorien und seien gegenüber anderen Menschen scharfe Konkurrenten. Deshalb reagierten bereits Säuglinge freundlich oder abweisend, je nachdem, ob es sich um Fremde oder Bekannte handelt.

Das haben wir auch schon gemerkt, dass die Merle angefangen hat zu brüllen, wenn sie dich gesehen hat.

Das tut sie höchstens, wenn sie euch sieht; zu mir ist sie immer lieb. Und die Hannah, die ein Jahr älter ist, hat keine Angst mehr und erst recht nicht die Helena, die schon fünf ist. Und sogar der Paul, der so alt ist wie Merle, freut sich und lacht, wenn jemand kommt. Also, was da behauptet wird, stimmt schon in unserer Familie nicht immer.

Aber vielleicht ist es in anderen Familien anders. Und

außerdem: Die Tutsi und die Hutu, die Serben und Albaner schlachten sich gegenseitig ab.

Bei den Familien kommt es darauf an, ob die Eltern selber zu ihren Kindern lieb sind. Und die Bürgerkriege ändern zunächst nichts an der Tatsache, dass der Mensch erwiesenermaßen kein Pferd und der erwachsene Mensch auch kein Säugling ist. Wer den Menschen als geselligen Säuger bezeichnet, der ignoriert doch souverän die Entwicklung des Menschen als geistiges Wesen.

Ist es nicht so, dass das Verhalten des Menschen in seinem Genom angelegt ist und gar nicht mehr verändert werden kann?

Aber doch nicht ausschließlich. Natürlich gilt das, was in dem Genom verankert ist, als angeboren. Aber es ist doch bewiesen, dass es durch Lernprozesse veränderbar ist. Menschen haben, wie man etwas kompliziert sagt, die Fähigkeit der freien Assoziation von Informationen und der Kombination von Gedächtnisinhalten. Je besser das einer kann, umso intelligenter ist er. Anders ausgedrückt: Im Gegensatz zum Tier verfügt der Mensch über Kreativität und Phantasie. Er kann lernen, Informationen aufnehmen und verarbeiten, dichten und komponieren und intelligenter werden als seine Vorfahren.

Hat nicht Adolf Hitler durch diese Mensch-Tier-Vergleiche die Verbrechen gegen die Juden begründet?

Ganz genau. Er begründete damit den Vorrang der «arischen Herrenrasse» gegenüber den «jüdischen Untermenschen», er schwärmte von den gnadenlosen Auslesegrundsätzen der freien Wildbahn. Die Humanität des Menschen war für ihn reine Gefühlsduselei.

Dann wurde Nietzsche durch Hitler widerlegt?

Oder bestätigt. Wie man will. Hitler war das radikal zu Ende gedachte Produkt des Nihilismus. Aber diese Rassisten leugneten auch konsequent die Existenz Gottes. Wenn man Gott nicht akzeptiert, kommt man leichter auf solche abstrusen und kriminellen Ideen.

War das nur Adolf Hitler?

Mit Sicherheit nicht. Man kann auch Stalin nennen, Ceauşescu, Milosevic, Pol Pot. Dazu gehören aber auch ganz normale Menschen, die ihre Kolleginnen und Kollegen im Betrieb «mobben», die vom Karrieredenken bestimmt sind. Die Starken, Überlegenen, Skrupellosen machen die Schwächeren zu ihren Opfern. Es gelten dann keine Werte mehr, keine verbindlichen Normen, weil ihre Verankerung in einem höheren Wesen fehlt.

Unser Pfarrer sagt, wenn große Firmen Leute entlassen, nur um eine höhere Rendite zu bekommen, dann sei dies die brutale Macht der Stärkeren.

Der Mann hat völlig Recht. Auch der moderne Kapitalismus ist eine Wirtschaftsform des Zarathustra, die keine Werte mehr kennt außer Angebot und Nachfrage und noch vorhandene Werte zerstört. Die Menschen kommen unter die Räder, und das macht Schule. Die Zahl der Diebstähle, Raubtaten, Gewaltverbrechen, aber auch der Morde durch Kinder nimmt ständig zu. Auch die Zahl der Drogensüchtigen, drop outs, und die Zahl der Selbstmorde. Das kann man in den USA besichtigen.

Bei uns in der Schule gibt es auch solche Schlägertypen, die sich als Übermenschen fühlen.

Dann müssen sich die Schwächeren zusammentun. Gemeinsam sind sie stärker als die paar Chauvis. Nietzsche will aber diese Typen gar nicht erziehen, im Gegenteil. Er will die vorhandenen Übermenschen durch Züchtung vermehren. Das ist ein Rezept, das die Nationalsozialisten fünfzig Jahre nach Nietzsche konsequent versucht haben umzusetzen. Die Nazis sind damit, Gott sei Dank, gescheitert, aber so ein Denken ist auch heute noch nicht ausgestorben. Gerade jetzt wieder ist der Vorschlag gemacht worden, mit

Hilfe der Gentechnologie bestimmte Superleute zu klonen und daraus den Nachwuchs der Menschheit zu züchten.

Müssen die Politiker und Wissenschaftler nicht alles tun, um eine solche Gesellschaft zu verhindern?

Ihr habt völlig Recht, das ist die Aufgabe der demokratischen Staaten. Wer den Übermenschen propagiert, kommt damit automatisch in Gegensatz zur Demokratie, die von der gleichen Würde aller Menschen ausgeht.

Wird die vollkommene Entschlüsselung des menschlichen Genoms nicht doch die Welt verändern?

Es wird bisher ungeahnte Möglichkeiten im menschlichen Leben geben, positive und schlechte. Und diejenigen bekommen Aufwind, die an der Konstruktion des genetischen Supermenschen basteln. Aber folgt man zum Beispiel dem Nobelpreisträger Ilya Prigogine, so zwingt uns niemand, «das Reich der Freiheit» zu verlassen, das von der Evolution eröffnete «Reich zu wählen» aufzugeben. Und viele Erwartungen seien schon naturwissenschaftlich nicht zu erfüllen. Schon die Vorstellung, das *ein* Gen *ein* Protein codiere, sei falsch: Bis zu zwanzig völlig verschiedene Eiweiße können aus einem Gen entstehen – mit den jeweils unterschiedlichsten Auswirkungen bei ein und derselben Krankheit. So sei es auch erklärlich, heißt es in einem Wissenschaftsreport des «Spiegel», warum es tatsächlich sein kann, dass der Mensch nur dreimal so viel Gene besitzt wie ein Bodenwurm: Die DNS-Stückchen haben wahrscheinlich wenig zu tun mit jener unfassbaren Komplexität, die einer Marie Curie geniale Gedanken schenkt und einer Billie Holiday die traurigste Stimme der Welt.

Wegen der Entschlüsselung des Genoms brauchen wir also den Gedanken an Gott nicht aufzugeben?

Davon bin nicht nur ich überzeugt.

Viertes Gespräch
Über Erkenntnisse der Naturwissenschaften,
die Entstehung und das Ende des Universums,
über Zufall und Notwendigkeit

Kannst du mal zusammenfassen, wo wir in der Diskussion stehen?

Was wir bisher geredet haben, zeigt auf jeden Fall, dass es gute Gründe gibt, warum es Gott nicht geben soll oder die zumindest seine Existenz fragwürdig machen. Aber dass Gott *nicht* existiert, haben weder Feuerbach, Marx noch Darwin bewiesen. Weder die Ersetzung der Religion durch einen atheistischen Humanismus noch das Absterben der Religion durch eine atheistische Wissenschaft noch die Unterdrückung der Religion durch atheistische Ideologien haben sich als überzeugend erwiesen. Aber gerade deswegen sollten wir jetzt einmal den Versuch unternehmen herauszufinden, ob wir aus den Naturwissenschaften etwas über Gott erfahren können.

Haben nicht gerade Naturwissenschaftler besonders eindringlich davor gewarnt, an Gott zu glauben?

Viele Naturwissenschaftler denken so. Aber inzwischen hat es auch ein Umdenken gegeben wegen der Folgen der Naturwissenschaften. Zum Beispiel haben die Erfindung der Atombombe und die daraus resultierenden schrecklichen Folgen viele nachdenklich gemacht. Auf der anderen Seite werden gerade die Wissenschaftler, die in den Grenzbereichen der Atomphysik, der Astronomie und der Molekularbiologie arbeiten und forschen, nachdenklich und philosophisch neugierig.

Sind diese Wissenschaftler Gott durch ihre Forschungen näher gekommen?

Ich lese euch mal vor, was der Nobelpreisträger für Physik Carlo Rubbia in einer Zeitung geschrieben hat: «Wenn wir die Galaxien der Sternenwelt zählen oder die Existenz von Elementarteilchen beweisen, so sind das wahrscheinlich keine Gottesbeweise. Aber als Forscher bin ich tief beeindruckt durch die Ordnung und die Schönheit, die ich im Kosmos finde sowie im Inneren der materiellen Dinge. Und als Beobachter der Natur kann ich den Gedanken nicht zurückweisen, dass hier eine höhere Ordnung der Dinge im Voraus existiert. Die Vorstellung, dass dies alles das Ergebnis eines Zufalls oder bloß statistischer Vielfalt sei, das ist für mich vollkommen unannehmbar. Es ist hier eine Intelligenz auf höherer Ebene vorgegeben, jenseits der Existenz des Universums selbst.»

Schöner hätte das unser Pfarrer auch nicht sagen können, oder?

Wenn die Pfarrer nur so reden würden! Albert Einstein, der mit dem gekrümmten Raum, der selber nie zu einer Kirche gehörte, hat in seinem letzten Aufsatz «Science and Religion» Folgendes geschrieben: «Meine Religion besteht in meiner demütigen Bewunderung einer unbegrenzten geistigen Macht, die sich selbst in den kleinsten Dingen zeigt, die wir mit unserem gebrechlichen und schwachen Verstand erfassen können. Diese tiefe, emotionelle Überzeugung von der Anwesenheit einer geistigen Intelligenz, die sich im unbegreiflichen Universum öffnet, bildet meine Vorstellung von Gott.»

Wie kam es denn dazu, dass führende Naturwissenschaftler wieder zu einem Glauben gefunden haben?

Ich habe vorhin schon mit der Atombombe die negativen Folgen des wissenschaftlich-technischen Fortschritts angesprochen. Dazu zählen auch die Umweltverschmutzung oder die möglichen Folgen unreflektierter Manipulationen in der Gentechnologie, wovon ihr ja ständig in der Zeitung lesen und was ihr im Fernsehen auch sehen könnt. Diese Entwicklungen hatten zur Folge, dass die Forscher plötzlich mit den Folgen ihres Tuns konfrontiert wurden und sich deshalb ethischen Fragen stellen mussten.

Was soll das heißen?

Im Grunde genommen geht es darum, ob alles dem Menschen Mögliche auch das dem Menschen Gemäße ist oder, mit anderen Worten, ob der Mensch alles, was er kann, auch tun darf.

Aber das kann ja die Wissenschaft nicht beantworten.

Allein nicht. Normalerweise beschränkt sich die Naturwissenschaft darauf, richtig und zweckmäßig zu handeln, also zum Beispiel zu überlegen, wie man menschliche Arbeit durch Roboter ersetzen kann. Aber die Frage, warum man das tun oder vielleicht besser nicht tun soll, ist eine Frage, die die Naturwissenschaft nicht so gut beantworten kann. Und deswegen sagen immer mehr Naturwissenschaftler: Wir stoßen mit unserer Wissenschaft an Grenzen. Wir können oft noch nicht einmal sagen, ob das, was wir tun, sinnvoll ist oder nicht.

Das würde mich auch mal interessieren, was der Sinn des Lebens von sechs Milliarden Menschen ist. Wozu sind die eigentlich alle da?

Das ist eben das Rätsel. Welches ist der Sinn des Lebens aller Lebewesen überhaupt? Einstein hat gemeint: Eine Antwort auf diese Frage wissen heiße religiös sein.

Aber hat es denn überhaupt einen Sinn, diese Sinnfrage zu stellen?

Einstein hat darauf einmal geantwortet, wer sein eigenes Leben und das seiner Mitmenschen als sinnlos empfinde, der sei nicht nur unglücklich, sondern auch kaum lebensfähig.

Aber gibt es nicht viele Menschen, die nicht an Gott glauben und trotzdem ihr Leben sinnvoll finden?

Das ist eine ganz wichtige Frage; aber darf ich mal vorschlagen, dass wir erst ein bisschen später über diesen spannenden Punkt sprechen?

Gut, einverstanden. Erzählst du uns, wie Einstein seine Religiosität gesehen hat?

Nach Einsteins Überzeugung lässt sich die streng kausale Gesetzmäßigkeit allen Geschehens nur durch die Existenz eines Gottes erklären.

Wir haben aber im Physikunterricht gelernt, dass gerade diese Gesetzmäßigkeit von den Naturwissenschaften, zum Beispiel von der Quantentheorie, bestritten wird.

Deswegen hat sich Einstein auch nie richtig mit der Quantentheorie abfinden können.

Worum geht es denn dabei?

Die Physiker Werner Heisenberg und Erwin Schrödinger haben nachgewiesen, dass man nicht mit Gewissheit, sondern nur noch mit Wahrscheinlichkeit voraussagen kann, was ein Lichtquantum, das sich paradoxerweise zugleich auch als schnell fliegendes kleines Teilchen und als Welle aufspielt, tun wird. Weiß man den Ort, kann man die Zeit nicht messen und umgekehrt. In einem berühmten Brief an den Physiker Max Born schreibt Einstein, eine innere Stimme sage ihm, dass die Quantenmechanik doch nicht der wahre Jakob sei, und dem Geheimnis des Alten bringe sie uns kaum näher; er sei davon überzeugt, dass Gott nicht würfele.

Hat er nicht Recht?

Schauen wir mal. Es gibt nämlich andere große Physiker, die gerade in dieser Unbestimmtheit etwas Positives sehen für die Erklärung der Rätsel, über die wir gerade reden.

Wie ist das zu verstehen?

Max Born, der Lehrer von Heisenberg, hat dieses Unbestimmtheitsprinzip und die Teilchenwellendualität der Lichtquanten in keiner Weise gestört. Er sah darin etwas Tieferes, was nicht nur in der Physik, sondern auf dem ganzen Gebiet der Naturwissenschaften und weit darüber hinaus in der Beschreibung und Deutung des Menschen eine Rolle spielt: nämlich die Unfähigkeit, etwas Ganzes in seiner Vielfalt gleichzeitig zu begreifen. Ihr erinnert euch an den Mathematiker Gödel.

Das soll dann ein Hinweis darauf sein, dass dies nur ein Gott könne?

So muss man das wohl verstehen. Ihr seht, die spannenden Fragen häufen sich. Aber ich kann nicht alles auf einmal beantworten. Können wir versuchen, einmal der Reihe nach vorzugehen?

Dann wäre unsere erste Frage, ob wir heute wissen, wie die Welt entstanden ist und ob sie überhaupt einen Anfang gehabt hat oder einfach schon immer da war.

Darüber ist jahrhundertelang gestritten worden. Und natürlich wurde von den Religionen, insbesondere von der christlichen Religion, gesagt, Gott habe die Welt geschaffen, so, wie es in der Bibel steht: «Im Anfang schuf Gott den Himmel und die Erde.»

Danach stünde also Gott am Anfang?

Diejenigen, die an Gott glauben, sind dieser Auffassung. Aber man muss einmal überlegen, ob diese Auffassung im Widerspruch steht zu dem, was die Naturwissenschaften sagen. Es ist schließlich schon ein paar Mal passiert, dass die Kirchen etwas behauptet haben, was nachher von den Naturwissenschaften widerlegt wurde.

Meinst du die Sache mit Galilei?

Er ist das berühmteste Beispiel für einen katastrophalen Irrtum einer bestimmten Theologie. Heute hat die Kirche diesen Irrtum eingesehen. Aber das war ein theologisches und auch wissenschaftliches Fiasko. Und deswegen tut jeder, der glaubt, gut daran zu überprüfen, ob das, was er glaubt, nicht im Widerspruch steht zu dem, was die Naturwissenschaften eindeutig herausgefunden haben.

Aber du hast doch vorhin schon selber gesagt, dass die Naturwissenschaften nur begrenzt sind und dass man sich an den Naturwissenschaften alleine nicht orientieren kann.

Das ist richtig. Ich meine auch nicht, dass man mit Hilfe der Naturwissenschaften alles beweisen können muss, woran die Menschen glauben. Aber es gibt viele naturwissenschaftliche Erkenntnisse, die absolut gesichert sind und gegen die eigentlich eine theologische Auffassung nicht stehen dürfte.

Also, wie ist das nun mit dem Anfang der Welt?

Wir müssen ja nicht alles noch einmal durchkauen, worüber wir schon geredet haben. Aber die Wissenschaft vom Weltall, man nennt sie Kosmologie, hat wohl die engste Berührung mit der Theologie. Denn hier treffen weltanschauliche, religiöse Fragen und naturwissenschaftliches Interesse aufeinander. Heute wissen wir mit viel größerer Sicherheit vom Beginn des Universums, als dies früher der Fall war, und können diesen Beginn sogar datieren.

Wie geht denn das?

Das ist auch für mich nicht leicht zu verstehen. Aber schon Anfang des letzten Jahrhunderts hatte Einstein sein neues Weltmodell entwickelt, nämlich den so genannten gekrümmten Raum, was einen radikalen Bruch mit der klassischen Physik Newtons und den Vorstellungen von einem unendlichen Weltall bedeutete.

Das kennen wir bereits. Das ist die Geschichte, die man sich nicht richtig vorstellen kann. Ein echter Cyberspace. Aber kann man das irgendwie beschreiben?

Die vier Dimensionen im Weltraum kann man schlecht beschreiben. Man kann sie eigentlich nur mathematisch denken. Diesen gekrümmten Weltraum muss man sich als unbegrenzt denken, er kann aber ein endliches Volumen haben. Wir haben im dreidimensionalen Raum etwas Ähnliches: die Oberfläche einer Kugel, die einen endlichen

Flächeninhalt hat, aber doch keine Begrenzung. Man kann die Oberfläche der Erde genau berechnen, aber sie hat keine Grenze. Ihr könnt auf der Oberfläche der Erde hin und her fahren, ohne irgendwo an ein Ende zu stoßen. Dennoch ist diese Oberfläche nicht unendlich.

Aber damit haben wir noch nichts erfahren über den Anfang der Welt.

Stephen Hawking, Professor der Mathematik auf dem Lehrstuhl in Cambridge, den Isaac Newton innehatte, und der Autor des berühmten Buches «Eine kurze Geschichte der Zeit», kam aufgrund dieser «Keine-Grenzen-Bedingung» zu dem Ergebnis, dass es bei einer vierdimensionalen Kugel, nämlich der Raum-Zeit, genauso sinnlos sei, vom Anfang oder Ende des Universums zu sprechen wie vom Anfang oder vom Ende einer Kugel. Und sollte die Physik dementsprechend zu einer einheitlichen Theorie kommen, die alle physikalischen Rätsel der Welt erklärt, wäre kein Raum mehr für einen Schöpfer, und Gott hätte gar keine Wahl gehabt, als er das Weltall schuf, sondern er hätte es so schaffen müssen, wie es ist. Eine solche endgültige Theorie würde Gott – und mit ihm alles Rätselhafte – aus dem Universum ausschließen, und dadurch würden Mystizismus und Religion aus einer ihrer letzten Zufluchtsstätten, nämlich dem Ursprung des Universums, vertrieben.

Selbst wenn dies stimmte, dann hätten wir aber dennoch keine Antwort auf die Frage, wo denn die Raum-Zeit herkommt.

Einmal das, und auf der anderen Seite ist es bewiesen oder so gut wie bewiesen, dass das Universum einen Anfang genommen hat. Und zwar gibt es dafür drei Indizien. Einmal entfernen sich die Galaxien mit einer rasenden Fluchtgeschwindigkeit von der Erde weg, was bewirkt, dass die Lichtwellen einer so genannten Doppler- oder Rotverschiebung unterliegen. Eine solche Verschiebung bemerken wir auch, wenn ein

Krankenwagen sich vom Hörer entfernt und der Ton der Sirene immer tiefer wahrgenommen wird. Dies untermauerte die Einstein'sche Relativitätstheorie und die damit verbundene explosionsartige Expansion des Universums.

Außerdem, das ist das zweite Indiz, sagten schon Theoretiker in den fünfziger Jahren voraus, dass die Geburt des Universums eine Art Nachleuchten in Form von schwachen Mikrowellen zurückgelassen haben müsste. Im Jahre 1964 wurde dann in der Tat in den Bell Laboratories zufällig diese so genannte kosmische Hintergrundstrahlung gefunden.

Und drittens vermuteten die Physiker, dass der Urknall wie ein nuklearer Schmelzofen habe wirken müssen, in dem Wasserstoff durch Kernfusion in Helium und andere leichte Elemente umgewandelt wurde. Und systematische Beobachtungen in den letzten Jahrzehnten haben bewiesen, dass die große Häufigkeit leichter Elemente in der Milchstraße und in anderen Sternensystemen exakt mit den theoretischen Vorhersagen übereinstimmten. Man kann also sagen, dass diese drei Indizien, die Rotverschiebung der Galaxien, die kosmische Hintergrundstrahlung und die Häufigkeit leichter Elemente, wie Säulen sind, auf denen die Urknallhypothese ruht.

Seit wann bewegen sich die Galaxien von uns weg?
Seit unendlicher Zeit kann das ja nicht sein. Es muss also irgendwie einen Anfang gegeben haben, und der konnte eigentlich nur darin bestehen – so die Wissenschaft fast einhellig –, dass alle Strahlungen, alle Materie in größter Dichte und Temperatur in kleinstem Umfange komprimiert waren und dann mit einem gigantischen Urknall – dem so genannten Big Bang – explodierten. Man hat ausgerechnet, dass es bei einer Temperatur von hundert Milliarden Grad Celsius und einer vier Milliarden Mal größeren Dichte als Wasser losging.

Und wie ist daraus dann die Welt entstanden?

Ich bin ja kein Physiker, sondern habe Philosophie und Jura studiert, und deswegen gebe ich jetzt einfach mal wieder, was ich in den wissenschaftlichen Abhandlungen zu diesem Thema gelesen habe und was weitgehend unbestritten ist. Man nennt den Punkt vor dem Urknall eine «kosmologische Singularität». Die physikalischen Zustände dieser Singularität, insbesondere das Verhalten von Raum und Zeit, lassen sich nach den bisherigen Erkenntnissen der Physik nicht beschreiben. Die allgemeine Relativitätstheorie und die Quantenmechanik sind offenbar nicht anwendbar. Man vermutet, dass Quanteneigenschaften der Gravitation eine entscheidende Rolle spielen – ich gebe aber zu, dass ich das auch nicht richtig verstehe. Und deswegen gibt es auch die Theorien der Quantengravitation und der kosmologischen Superstrings. Also, was sich in dieser kosmologischen Singularität vor dem Urknall abspielte, weiß man nicht genau. Man redet auch von der «Planck-Zeit», die 10^{-43} Sekunden gedauert haben soll. Es gibt offenbar kein kleineres Zeitintervall, und es ist daher sinnlos, von einer Zeit «vor» dieser Zeit zu sprechen.

Aber weiß man etwas über die Zeit danach?
Da sieht die Sache schon besser aus: Innerhalb von 10^{-6} Sekunden bildeten sich Protonen und Neutronen und ihre Antiteilchen als Quarks, Antiquarks und Gluonen. Dann ging es ruck, zuck weiter, in den nächsten zehn Sekunden bildeten sich Elektronen und Myonen, die zu den Leptonen gehören. Und danach, also rund tausend Sekunden nach der kosmologischen Singularität, ging es schon los mit Kernfusionen, woraus Wasserstoff und Helium und eine sehr geringe Menge Lithium entstand. Dann erst begann die Ära der Galaxien, das heißt die Bildung von Strukturen wie Sternen und Sternsystemen.

Irgendwo habe ich gehört, dass dies vor dreizehn Milliarden Jahren passiert ist.

So genau kann man das nicht berechnen. Eben habe ich ja gesagt, dass durch die Rotverschiebung in den Spektren der Sternensysteme jenseits der Milchstraße – die Entdecker hießen Hubble und Wirtz –, durch die kosmische Hintergrundstrahlung, die von Penzias und Wilson gefunden worden war, und die Häufigkeit leichter Elemente im benachbarten Universum gesichert ist, dass die Welt, wie wir sie heute beobachten können, nicht seit unendlicher Zeit bestehen kann, und wenn man die Expansion zurückrechnet bis zu dieser kosmischen Singularität, dann kommt man auf einen Zeitraum von dreizehn bis siebzehn Milliarden Jahren.

Haben wir denn damit nicht den Beweis dafür, dass die Bibel Recht hat und eben die Welt einen Anfang hat und von Gott in Gang gesetzt worden ist?

Es gibt viele Christen, die die Theorie vom Urknall heranziehen zum Beweis der Wahrheit einer Weltschöpfung. Denn der Urknall fand zwar vor langer Zeit, aber eben doch vor endlicher Zeit statt.

Aber wenn sich das Universum seit dem Urknall in einem gekrümmten Raum ausbreitet, könnte es dann nicht sein, dass es eines Tages auch wieder in sich zusammenfällt?

Ganz richtig. Es ist noch längst nicht entschieden, ob das Universum dauernd weiter auseinander fliegt oder ob es nicht irgendwann einmal zum Stehen kommt und sich dann wieder zusammenzieht. Und wenn es sich ganz zusammengezogen hat, dann ist erneut der physikalische Punkt von höchster Dichte und größter Hitze erreicht, von dem aus der Urknall neu beginnen kann, sodass wir uns die Welt wie ein Perpetuum mobile als ständig pulsierend vorstellen können. Aber selbst wenn das Universum pulsiert, also ständig expandiert und sich kontrahiert, wissen wir nicht, ob das schon immer so war oder ob auch das Pulsieren irgendwann einen Anfang genommen hat. Und auch die

Frage, was außerhalb des gekrümmten Weltalls ist, kann die Wissenschaft bis heute nicht beantworten.

Also, dann ist doch wieder nichts bewiesen?

Nein. Die großen naturwissenschaftlichen kosmologischen Erkenntnisse können die Existenz Gottes nicht beweisen, höchstens nahe legen, auf jeden Fall aber wird sie dadurch auch nicht ausgeschlossen. Der Wissenschaftsjournalist und Schriftsteller Hoimar von Ditfurth hat darauf hingewiesen, dass man die Frage Gottes nicht von den naturwissenschaftlichen Erkenntnissen abhängig machen dürfe, zum Beispiel von der Frage, welchen Stand die Molekularbiologie auf der Erde zufällig gerade erreicht habe.

Umgekehrt müssen aber die Wissenschaftler, die Atheisten sind, mit ihren Argumenten gegen Gott auch aufpassen, oder nicht?

Sehr richtig. Es gibt auch viele Naturwissenschaftler, die machen denselben Fehler wie die Theologen, nur umgekehrt. Jede wissenschaftliche Erkenntnis, die ihnen gelingt, bringt sie zu der Behauptung, dass es immer unwahrscheinlicher werde, dass Gott existiert.

Machen manche Naturwissenschaftler nicht den Fehler, dass sie die Maßstäbe, die sie an ihre Wissenschaft anlegen, auch für die Suche nach Gott verwenden?

Ja, es ist fast eine Krankheit, dass viele glauben, dass es außerhalb des Bereichs wägbarer und messbarer Daten und Dinge überhaupt keine anderen Bereiche geben kann. Aber nur, weil ich nicht berechnen kann, was vor dem Urknall war, darf ich doch die Frage danach nicht einfach ignorieren oder als irrelevant abtun.

Ja richtig, was war vor dem Urknall?

Die Handbücher der Astrophysik geben darauf keine Antwort. Sie beginnen, wenn man so will, mit dem zweiten Schöpfungstag der Bibel, sagt der Theologe Hans Küng. Das amerikanische Nachrichtenmagazin «Time» hat die bekanntesten Astronomen der Vereinigten Staaten einmal gefragt, was nach ihrer Meinung vor dem Urknall existierte – und sie wussten keine Antwort.

Aber ist denn eine solche Frage nicht unfair? Die Naturwissenschaftler können ja darauf überhaupt keine Antwort wissen.

Nicht können, das weiß ich nicht. Jedenfalls haben sie keine Antwort. Und sie müssen die Beantwortung der Frage absolut offen lassen, wie selbst ein so engagierter Atheist wie der Nobelpreisträger für Physik Steven Weinberg zugeben muss, von dem ich weiß, dass er es entschieden ablehnt, dass die Welt einen Urheber hat. Die Schweizer Zeitschrift «Das Magazin» hat im April 2000 eine ganze Ausgabe nur der Frage gewidmet: «Was ist Gott?», und ungefähr fünfzig Leute um eine Antwort gebeten. Ich sollte auch etwas schreiben, habe aber keine Zeit gehabt und ehrlich auch keine Lust, in drei Sätzen die Frage zu beantworten.

Was haben die Leute gemeint?

Fast jede Antwort ist anders ausgefallen. Am bemerkenswertesten war, dass Steven Weinberg einräumt, dass, auch wenn die Physiker eines Tages ihr Äußerstes erreicht haben würden, nämlich diese endgültige Theorie im Sinne von Hawking, sie dann immer noch kein befriedigendes Bild der Welt hätten, denn auch dann werde die Frage nach dem «Warum?» offen sein. Ich zitiere mal aus dem Heft: «Warum diese Theorie und nicht eine andere? Warum zum Beispiel wird die Welt mit der Quantenmechanik beschrieben? Die Quantenmechanik ist der einzige Teil der heutigen Physik, der höchstwahrscheinlich auch in zukünftigen Theorien intakt bleiben wird, doch ist sie nicht die logisch einzig mögliche Theorie: Ich kann mir genauso gut ein Universum vorstellen, das der Newton'schen Mechanik gehorcht. Es scheint hier also ein Restgeheimnis zu geben, das sich durch die Wissenschaft nicht auflösen lässt.» Und ich glaube, dieses Restgeheimnis, also der Urgrund allen Seins, von dem Weinberg hier spricht, hat mit Gott zu tun.

Gut, also nehmen wir einmal an, Gott sei die Ursache auch der Naturgesetze und derjenige, der den Urknall ausgelöst hat. Aber danach ist er doch überflüssig. Denn hat dann die Welt nicht entsprechend den Gesetzen, die Gott ihr gegeben hat, einfach ihren konsequenten, ihren notwendigen Lauf genommen?

Ja, viele stellen zu Recht die Frage, ob die Geschichte der Welt nicht von Anfang bis Ende ein zwangsläufiger Ablauf ist und jeder Schritt aus dem vorausgehenden folgt.

Kann es denn da noch ein Eingreifen, ein Intervenieren, ein Dazwischenkommen Gottes geben, so, wie es in den Wundergeschichten der Bibel immer wieder behauptet wird?

So mit Sicherheit nicht. Diese Wundergeschichten sind erfundene Beispiele, die etwas Wichtigeres zeigen sollten, dass Gott zum Beispiel gütig, hilfreich, aber auch gerecht sei. Auch der Mensch ist kein von einem Gott ferngesteuerter Roboter. Er kann in der Tat in vielen Fällen frei entscheiden, sodass zum Beispiel die Geschichte der Menschheit so oder anders verlaufen wäre, je nachdem, wie bestimmte Menschen sich entschieden und dadurch zum Beispiel eine Schlacht gewonnen haben. Hätten die Preußen die Schlacht von Königgrätz nicht gewonnen, hätte es kein Wilhelminisches Kaiserreich und keinen Zweiten Weltkrieg und wahrscheinlich auch keinen Nationalsozialismus gegeben. Diese Zwangsläufigkeiten, von denen wir im Moment gerade reden, betreffen die Entwicklung der Natur, des Kosmos, betreffen die Expansion des Weltraums und die biologischen Gesetze.

Aber könnte es nicht auch sein, dass nach dem Urknall alles seinen gesetzmäßigen Lauf nahm, dass aber Gott bei der Entstehung des Menschengeistes eingegriffen hat, jeden-

falls bei der Entstehung des Lebens? Es ist doch eher unwahrscheinlich, dass sich auch die Seele des Menschen, also der Menschengeist, einfach zwangsläufig aus dem Urknall entwickelt hat?

Die sensationellen Forschungsergebnisse der Molekularbiologie schließen das nicht aus. Dort wurden nämlich Gesetzmäßigkeiten entdeckt, die die Biologie so revolutioniert haben wie zum Beispiel die Quantenmechanik die Physik.

Kannst du uns das genauer erklären?

Ich will es versuchen. Träger des Lebens sind zwei Klassen von Makromolekülen, nämlich Nukleinsäuren und Proteine. Die Kettenmoleküle der Nukleinsäuren, sie heißen DNS und RNS, bilden im Zellkern die Steuerzentrale: Sie enthalten den kompletten Bau- und Funktionsplan jedes Lebewesens in verschlüsselter Form nach einem genetischen Code, der aus nur vier «Buchstaben» besteht, und geben ihn von Zelle zu Zelle, von Generation zu Generation weiter. Die Proteine, die aus Aminosäuren bestehen, werden anhand dieser «Information» gebildet und führen in der lebenden Zelle bestimmte Funktionen aus, und zwar auf kleinstem Raum, oft in einer millionstel Sekunde.

Wie ist denn das Ganze losgegangen?

Nun, das kann man sich so vorstellen: Irgendwann vor Milliarden Jahren müssen die DNS und RNS mit den notwendigen Enzymen zur Synthese von Eiweißen zusammengetroffen sein. Das war dann die Initialzündung für das Leben und die Evolution.

Aber nicht jedes lebendige Gebilde hat doch überlebt. Sonst müssten wir heute ja eine unendliche Vielfalt an Lebensmodellen haben.

Das ist eben die große Entdeckung der Molekularbiologie, dass auch auf der Ebene der Moleküle das von Darwin zunächst in der Pflanzen- und Tierwelt festgestellte Prinzip der «natürlichen Auswahl» und des «Überlebens des Tüchtigsten», das heißt dessen, der sich am besten angepasst hat, gilt. Das heißt, auch hier braucht es eigentlich keinen Gott zum Eingreifen. Es steht von vorneherein fest, dass Leben unter diesen Bedingungen entsteht.

Gab es da überhaupt keine Willkür oder irgendeinen Zufall?

Das ist eine gute Frage. Denn auch bei der Entwicklung des Lebens stießen die Naturwissenschaftler auf dieselbe Problematik wie in der Quantenmechanik, was wir schon vorher miteinander beredet haben. Nämlich, dass es Zufälligkeiten und Unklarheiten beim Erkennen der einzelnen Prozesse gibt. Regeln steuern den gesamten Ablauf der biologischen Evolution. Aber oft stand sie an einem Scheideweg und ist dann nur einen Weg gegangen oder auch beide Wege.

Aber du meinst, das sei im Einzelnen dann eher zufällig gewesen?

Ich gebe die wissenschaftliche Meinung wieder. Es gab Mutationen, durch die sich dann nach dem Prinzip «trial and error – Versuch und Irrtum» die Lebewesen verändert haben. Beides hat also zusammengewirkt: Zufall und Notwendigkeit, was erstaunlicherweise schon der griechische Philosoph Demokrit vor 2400 Jahren geahnt hat, dass nämlich alles, was im Weltall existiere, die Frucht von «Zufall und Notwendigkeit» sei. Der französische Molekularbiologe und Nobelpreisträger Jacques Monod hat mit diesem Titel «Zufall und Notwendigkeit» ein berühmtes Buch geschrieben.

Aber dann braucht es ja auch für eine solche Entwicklung keinen Gott?

Das Ganze ist nach wie vor ein großes Geheimnis. Es gibt noch einen anderen Nobelpreisträger, nämlich Manfred Eigen, der zusammen mit seiner Assistentin ein wahnsinnig interessantes Buch geschrieben hat mit dem Titel «Das

Spiel. Naturgesetze steuern den Zufall». Demnach gibt es
den Zufall, durch den bestimmte Lebewesen entstehen,
aber nur innerhalb ganz bestimmter Gesetze.

Also würfelt nun Gott, oder nicht?

Wenn es ihn gibt: Ich glaube ja! Wenn sich zwangsläufig
immer das eine aus dem anderen ergäbe, dann hätte Gott ja
eine Riesenmaschine gebaut, die eben auch wie eine Maschine abliefe. Nun gibt es aber, wie wir gesehen haben, die
Unbestimmtheit zum Beispiel der Quantenmechanik, die
Evolution in der Biologie, den «Zufall» in der Molekularbiologie. Wenn es nur Zufall gäbe, dann hätte Gott irgendetwas in die Welt gesetzt und dann völlig die Kontrolle darüber verloren. Wenn Gott nur ein Spieler wäre, hätten seine
Produkte keinen Sinn. Wenn er aber nie würfelte, wäre er
ein reiner Techniker, der eine Maschine gebaut hätte.

Was stimmt denn nun eigentlich?

Ich glaube, das kann man sich einigermaßen klar machen.
Nehmt einmal ein Würfelspiel, um bei der Frage zu bleiben,
ob Gott würfelt oder nicht würfelt. Wenn ihr würfelt, ohne
dass gleichzeitig eine Spielregel vorhanden ist, die zumindest den Wert der gewürfelten Zahl oder ihre Bedeutung
festlegt, macht das Würfeln ja überhaupt keinen Sinn.

**Es macht doch einen Sinn, wenn man zum Beispiel weiß,
dass eben 6 mehr gilt als 1.**

Ja, aber das muss man vorher festlegen. Bei den Noten in
der Schule ist es zum Beispiel gerade umgekehrt. Da gilt
die 1 als höchste Note, und mit einer 6 ist man durchgefal-
len.

**Du meinst also, damit das Würfeln sinnvoll wird, muss es
Spielregeln geben?**

Ja, genau. Wir können es ja ein bisschen komplizierter machen. Nehmt einmal das «Mensch ärgere dich nicht»-Spiel.
Ihr habt die roten Figuren und spielt gegen mich mit den
grünen Männchen. Wenn ihr eine 4 würfelt und mein grü-

nes Männchen gerade 4 Stationen weiter ist, dann könnt ihr, weil ihr von hinten kommt, mich rausschmeißen. Ihr könnt es aber auch bleiben lassen, es sei denn, ihr habt keine andere Figur mehr auf dem Spielfeld. Dann müsst ihr mich rausschmeißen.

Du willst also damit sagen, dass auch in der Natur nach bestimmten Regeln gespielt wird?

Genau das meine ich. Man könnte vielleicht sogar sagen, dass die gesamte Natur ein solches Spiel ist. Aber ein Spiel innerhalb bestimmter Regeln. Es gibt innerhalb dieses Spiels den Zufall, aber es gibt auch Notwendigkeiten, die sich aus den Regeln ergeben. Es gibt unbestimmte Momente, also zum Beispiel die Frage, ob ihr mit der vorderen Figur fahrt oder mit der hinteren, und es gibt fest bestimmte Regeln, die eingehalten werden müssen.

Dann sind Freiheit und Ordnung eigentlich keine Gegensätze oder müssen wenigstens keine sein?

Der Nobelpreisträger Manfred Eigen hat gesagt, alles Geschehen in unserer Welt gleiche «einem großen Spiel, in dem von vornherein nichts als die Regeln festlägen», sei also ein gigantisches Zusammenspiel von Gesetzmäßigkeiten und Zufällen.

Aber man möchte doch wohl gerne eine Antwort haben auf die Frage: «Wer hat das denn erfunden – dieses große wunderbare Spiel von Anfang an – und warum dann gerade diese Regeln?»

Diese Regeln könnten von Gott stammen. Aber, und das ist entscheidend, er selber müsste sich bei diesem Spiel an die Regeln, die er festgelegt hat, halten. Er wäre dann nicht der große Zampano, wie Hans Küng sagt, der ständig Wunder vollbringt, aber er hätte mit dem gesamten Kosmos im Großen wie im Kleinen ein imponierendes Schauspiel geschaffen. Und daher stößt man immer wieder mit der Nase auf die Frage, ob Gott existiert, weil man sich nur wundern kann über das, was sich auf dieser molekularen und galaktischen Bühne alles abspielt.

Wenn Gott also noch nicht einmal zwangsläufig bei der Entstehung des Lebens in die Evolution eingegriffen hat, wie verhält es sich dann mit unserem Bewusstsein? Ist auch das nur ein Produkt der von dir geschilderten Selbstorganisation der Materie, der Moleküle, und hätten wir demnach keinen freien Willen?

Das ist eine der umstrittensten Fragen, und es ist klar, dass, entsprechend unserer bisherigen Diskussion, eigentlich auch Bewusstsein und Geist aus der Materie hervorgehen müssten. Der griechische Philosoph Demokrit, aber auch der englische Philosoph Thomas Hobbes, waren der Auffassung, Menschen, Tiere, Pflanzen, die Steine und das Gebirge ohnehin bestünden aus stofflichen Partikeln, und die menschliche Seele und ihre Regungen, auch das Bewusstsein des Menschen, entstünden durch die Mobilisierung winzigster Partikel im Gehirn. Und der große Kosmologe und Physiker Isaac Newton entwickelte die Idee, dass im ganzen Universum dieselben Gesetze für die Bewegung gelten. Alles werde von einer unwandelbaren Gesetzmäßigkeit gelenkt, sozusagen von derselben Mechanik, wobei man allerdings hinzufügen muss, dass diejenigen, die ein solches mechanistisches Weltbild vertraten, dies nicht als einen Widerspruch sahen zu ihrem persönlichen Glauben an Gott.

Das würde allerdings bedeuten, wenn diese Wissenschaftler Recht hätten, dass der Mensch eigentlich keinen freien Willen haben könnte.

Dann ist auch der menschliche Wille das Ergebnis von mechanischen Abläufen und Prozessen. Bestimmte Materialisten behaupteten sogar, die Denkprozesse verhielten sich zum Gehirn wie der Urin zu den Nieren und die Galle zur Leber.

Aber Gefühle, wie zum Beispiel Dankbarkeit, Liebe, oder Eigenschaften wie Treue, die sich ja auch konkret auswirken

können, sind doch genauso wenig wie die Gedanken selber mit Urin oder stofflichen Dingen zu vergleichen.

Zur Beantwortung dieser Frage gibt es eine gute Geschichte. Der sowjetische Kosmonaut Gagarin hatte nach seinem ersten Raumflug gesagt: Ich bin einmal um die Erde geflogen. Gott habe ich nicht gesehen, also gibt es ihn nicht. Ein sowjetischer Gehirnchirurg antwortete in einem Leserbrief, er habe schon viele kluge Gehirne operiert, aber nirgendwo auch nur einen einzigen Gedanken entdeckt. Damit wollte er natürlich nicht sagen, dass es keine Gedanken gibt, sondern er stellte nur klar, dass Gedanken etwas anderes sind als die dinglichen Dinge. Gedanken kann man nicht amputieren. Man kann die Ursachen von Geisteskrankheiten durch Operationen vielleicht und auch nur manchmal beseitigen. Aber genau diese Erkenntnis führt uns zu der Überlegung, ob nicht Geist und Materie dennoch eng zusammenhängen und eine strikte Trennung von Geist und Materie eben falsch ist, dass vielmehr der Mensch eine Einheit darstellt, ganz im Sinne der modernen Medizin, die erkannt hat, dass seelische Krankheiten auch körperliche Ursachen haben können und umgekehrt körperliche Krankheiten oft auf seelische Defizite und Probleme zurückzuführen sind. Jedenfalls sind die geistigen Entscheidungen des Menschen, auch das Assoziieren von Gedanken, nicht das Ergebnis von zwangsläufigen Prozessen, sondern unterliegen dem freien Willen und der sittlichen Entscheidung eines Menschen.

Können wir noch einmal auf das Problem zurückkommen, ob durch die Gene, die ja nun fast hundertprozentig entschlüsselt sind, die Menschen so vorprogrammiert sind, dass sie gar nicht frei entscheiden können, sondern nur annehmen, sie würden frei entscheiden. Wir haben im Zusammenhang mit Nietzsche und dem Übermenschen schon einmal darüber geredet.

Es gibt bedeutende Verhaltensforscher wie zum Beispiel den Evolutionsbiologen Hubert Markl, den langjährigen Präsidenten der Max-Planck-Gesellschaft, die dies strikt verneinen und darauf hinweisen, dass zwar unser Sprachvermögen angeboren ist, aber die Sprache erlernt werden muss. Das heißt, die Gene erzwingen relativ sehr wenig, aber sie ermöglichen ungeheuer viel. Bei dem einen mehr, bei dem anderen weniger. Deswegen sind die Gene nicht unbedeutend für das menschliche Leben. Unsere Erbanlagen ähneln nicht so sehr einem Computerprogramm, sondern eher einer Partitur, sagt Markl, die vom Menschen zum Klingen gebracht werden kann. Aber natürlich auch, ähnlich wie beim Klavier, wenn man gewaltig danebenhaut, bei Fehlentscheidungen in eine Katastrophe münden können. Wir werden auch in der Zukunft immer selbst entscheiden müssen, was wir aus den Möglichkeiten machen, die uns gegeben sind.

Aber die Frage, ob der Geist und der freie Wille aus der Materie hervorgehen oder von ihr getrennt sind, ist damit nicht beantwortet?

Nein, aber es gibt wissenschaftliche Befürworter des so genannten Dualismus, das heißt einer These, wonach das Bcwusstscin unabhängig von seinem materiellen Substrat existiert. Die diesen Standpunkt vertreten, sind keine schlechten Denker. Entschiedener Befürworter dieser These ist zum Beispiel John Eccles, ein australischer Neurowissenschaftler, der im Jahre 1963 wegen seiner Studien über die Signalfortleitung in Nervenzellen mit dem Nobelpreis ausgezeichnet wurde. Er hat zusammen mit dem nicht minder berühmten Philosophen Karl Popper ein Buch geschrieben mit dem bezeichnenden Titel «Das Ich und sein Gehirn». Darin behaupten beide, dass der menschliche Geist frei zwischen verschiedenen Gedanken und Handlungsweisen wählen könne, die dann von Gehirn und Körper umgesetzt würden.

Aber ist denn dies überhaupt möglich, wenn auch im Gehirn die Gesetze der Quantenmechanik, also der Physik des Mikrokosmos, gelten müssen?

Die Gegner des Dualismus behaupten, dass er den so genannten Energieerhaltungssatz verletze: Wie könne der Geist, wenn er keine materielle Existenz habe, physikalische Veränderungen im Gehirn auslösen? Darauf gibt Eccles folgende Antwort: Die Nervenzellen des Gehirns entladen sich, wenn sich geladene Moleküle, so genannte Ionen, in Synapsen – das sind Kontaktstellen im Nervensystem – anreichern und diese schließlich dazu veranlassen, Neurotransmitter freizusetzen. Doch die Anwesenheit einer bestimmten Anzahl von Ionen in einer Synapse löst nicht immer die Entladung eines Neurons aus. Dies ist, laut Eccles, darauf zurückzuführen, dass sich die Ionen, wenigstens einen Augenblick lang, in übereinander gelagerten quantenmechanischen Zuständen befinden. In einigen Zuständen entlädt sich das Neuron, in anderen nicht. Und er sagt weiter: Das Bewusstsein übe nun seine Herrschaft über das Gehirn dadurch aus, dass es «entscheide, welche Neuronen sich entladen». Und solange die Auswahlwahrscheinlichkeit für die Neuronen im gesamten Gehirn gleich groß sei, verletzte die Ausübung des freien Willens nicht den Energieerhaltungssatz.

Das alles ist ja wahnsinnig spannend, und wir hätten vielleicht Physik und Biologie studieren sollen.

Auf jeden Fall sind das keine Berufe, die schlechte Zukunftsaussichten haben.

Soll man sich das aber nun so vorstellen, dass Gott eingreift, und zwar immer dann, wenn es der Zufall will, dass die Entwicklung in jene oder in die andere Richtung weist?

Dann wäre die Freiheit der Entwicklung nicht mehr gegeben. Darin sind sich aber die Naturwissenschaftler einig, dass die Entstehung des Lebens, also die Entwicklung vom

Makromolekül zum Mikroorganismus, nur ein Schritt unter vielen anderen ist, wie etwa der vom Elementarteilchen zum Atom, vom Atom zum Molekül oder auch der vom Einzeller zum Organverband und schließlich zum zentralen Nervensystem des Menschen. Die ganze Entwicklung der Biologie hat eben gezeigt, dass der so genannte Ursprung des Lebens nicht mehr der geheimnisvolle Ort ist, an dem Gott mehr zu finden wäre als anderswo. Einen Gottesbeweis gibt es auch in der Molekularbiologie offenbar nicht. So sagt das sogar der Theologe Hans Küng.

Also werden wir immer wieder auf das alte Thema zurückgeworfen?

So ist es. «Warum ist überhaupt etwas und nicht nichts?» Und damit ist das Geheimnis des Lebens zurückverlegt in das Geheimnis der Entstehung der Materie. Und wir kommen wieder an den Anfang aller Fragen: Woher stammt die Materie, die unter geeigneten Bedingungen in der Lage ist, Leben hervorzubringen? Auch in der Biologie gibt es nur eine Existenzalternative – so sieht es Hans Küng: Entweder man sagt nein zu einem Urgrund, Urhalt und Urziel des ganzen Evolutionsprozesses, dann muss man aber auch die Unerklärlichkeit der Existenz des gesamten Prozesses in Kauf nehmen. Dann hat der Mensch, wie der bereits erwähnte Nobelpreisträger und Molekularbiologe Jacques Monod sagt, seinen Platz wie ein verlorener Musiker am Rande eines Universums, das für seine Musik taub ist und gleichgültig ist gegenüber seinen Hoffnungen, Leiden oder Verbrechen.

Und was wäre die Alternative?

Man sagt ja zu einer ersten Ursache und einem Endziel des Evolutionsprozesses und kann dann voraussetzen, dass das Ganze einen Sinn hat.

Es ist daher eine persönliche, freie Entscheidung, ob man das «Restgeheimnis», wie Steven Weinberg es nennt, unbeantwortet akzeptiert oder einen Grund und Sinn des Evolutionsprozesses annimmt. Letzteres scheint mir sinnvoller zu sein.

Wir haben lange über die Frage gesprochen, wie die Welt angefangen hat. Aber wie geht denn die Welt zu Ende?

Wenn man davon ausgeht, dass das Weltall sich immer weiter ausdehnt, es deswegen einen Anfang gehabt haben muss, dann ergibt sich daraus zunächst einmal mit großer Wahrscheinlichkeit, dass es auch ein Ende haben müsste.

Aber bei einem pulsierenden Weltall im gekrümmten Raum, von dem wir schon gesprochen haben, wäre das nicht zwingend.

Richtig. Das hängt von dem Weltmodell ab, von dem man ausgeht. Über das erste Weltmodell haben wir schon gesprochen: die Ausdehnung des Weltalls verlangsamt sich und kommt dann zum Stillstand. Dann, das habt ihr gerade angesprochen, beginnt die Kontraktion, das Universum zieht sich in einem Milliarden Jahre dauernden Prozess wieder zusammen, die Galaxien mit ihren Sternen fallen immer rascher aufeinander zu, bis es möglicherweise – viele Milliarden Jahre nach dem Urknall – unter Auflösung der Atome und der Atomkerne in ihre Bestandteile zu einem erneuten großen Knall kommt. Dann entsteht nach einer erneuten Explosion wieder eine neue Welt. Das ist das Modell eines «pulsierenden» oder «schwingenden» Universums.

Und was wäre das andere Modell?

Die andere Vorstellung sieht so aus: Die Ausdehnung geht ohne Kontraktion weiter, und die Sterne entwickeln sich im Endstadium je nach ihrer Masse zu «weißen Zwergen», zu «Neutronensternen», oder es entstehen möglicherweise die berüchtigten «schwarzen Löcher». Das ist die letzte Entwicklungsstufe eines Sterns mit einer Masse, die mehr als das Zehnfache der Sonnenmasse beträgt, und ihre Gravitationskraft ist so groß, dass das Licht in ihnen sozusagen aufgesaugt wird und es nicht mehr entweichen kann.

Das ist ja eine total verrückte Geschichte.

Das kann man wohl sagen. Auch wenn sich immer wieder neue Sterne und Sternengenerationen aus der umgewandelten Materie bilden sollten, so wird auch diese Materie durch Kernprozesse schließlich eines Tages zu Asche verbrennen, und der gesamte Kosmos wird kalt und dunkel.

Das erinnert aber gewaltig an die Beschreibungen in der Bibel vom Weltuntergang, wo sich die Sonne verfinstert und der Mond seinen Schein verliert und die Sterne vom Himmel fallen.

Ja, es ist gespenstisch. Aber so, wie die Geschichte von der Erschaffung der Welt in der Bibel keine Reportage von den Anfangsereignissen sein kann, so wenig sind die Voraussagen in der Bibel vom Ende der Welt eine naturwissenschaftliche Prognose.

Aber dieses Ende der Welt, nämlich Kälte im Kosmos, Tod, Stille, absolute Nacht, steht doch in gewaltigem Widerspruch zu Christen und Muslimen, die an eine Vollendung des Menschen, ein Weiterleben nach dem materiellen Tode glauben.

Genauso, wie die Frage naturwissenschaftlich nicht beantwortet werden kann, was vor dem Urknall war, genauso wenig kann naturwissenschaftlich beantwortet werden, was nach dem Ende der materiellen Welt existiert. Das ist ein weiterer Beweis dafür, dass man die theologischen Aussagen scharf trennen muss von den naturwissenschaftlichen. Und das bedeutet, dass von der Frage nach Gott her gesehen es eigentlich gleichgültig sein kann, welches Weltmodell sich letztendlich naturwissenschaftlich durchsetzt.

Aber haben dann Naturwissenschaft und Religion überhaupt nichts miteinander zu tun?

Doch, auch wenn man Gott nicht so beweisen kann, dass alle davon überzeugt sein müssen, wie zum Beispiel vom Satz des Pythagoras, so muss man eigentlich doch nachdenklich werden, wenn man sich einmal alle Gedanken durch den Kopf gehen lässt, die wir miteinander schon besprochen haben. Dass es Naturgesetze gibt, kann man ja nicht bestreiten. Und dass auf der Welt alles irgendwie zusammenhängt und auch zusammengehört, ebenso wenig. Ist es dann – um noch einmal Hans Küng zu zitieren – vielleicht nicht doch vernünftiger, eine Ursache aller Ursachen, nämlich Gott, anzunehmen? Jedenfalls vernünftiger und sinnvoller, als Gott zu leugnen?

Wir sehen schon, du willst darauf hinaus, dass man Gott zwar nicht exakt beweisen kann, es aber doch mehr der Vernunft entspricht, an ihn zu glauben als nicht an ihn zu glauben.

Ja, vor allem, wenn es uns gelingt, dafür noch weitere gute Argumente zu finden.

Im Übrigen verspreche ich euch, dass ich euch noch meine ganz persönliche Meinung zu unserem Thema sagen werde.

Fünftes Gespräch
Über Vernunft und Glaube, über die Bilder vom Menschen und über den Sinn des Lebens

Neulich waren wir im Wald und sind an einem Ameisenhaufen vorbeigelaufen und haben ein bisschen herumgestochert ...

... was man bekanntlich nicht tun darf.

Die Ameisen waren wie verrückt, für sie war diese Störung offensichtlich ganz unerklärlich. Was die wohl von uns gehalten und über uns gedacht haben?

Ich glaube, die wissen nichts von uns. Es gibt das berühmte Gespräch über die Unsterblichkeit der Seele, das Sokrates, kurz bevor er den tödlichen Schierlingssaft trinken musste, mit einigen Gefährten geführt hat. Er behauptete schon damals, dass die Erde kugelförmig sei und sehr viel größer als sie uns erscheine. Ihr müsst wissen, dass die alten Griechen nur den Teil Europas kannten, der vom Asowschen Meer, also dem östlichen Ende des Schwarzen Meeres, bis zum westlichen Ende des Mittelmeeres, also nach Gibraltar, reicht. Die Menschen, sagte Sokrates, seien wie Ameisen oder Frösche, die um einen kleinen Teich leben und überzeugt davon sind, dass das die ganze Welt ist. Und sie glaubten, auf dem Gipfel der Erde zu leben, dabei befänden sie sich in einer Höhle oder in einer tiefen Meeresschlucht und verwechselten die Wasseroberfläche mit dem Himmelszelt.

Nun wissen die Menschen heute doch viel mehr als damals.

Ja, aber im Prinzip hat Sokrates Recht. Er will nämlich sagen, dass es Systeme gibt, also zum Beispiel einen solchen Ameisenhaufen oder auch einen Bienenstock, die phantastisch gut funktionieren und einem Wunderwerk gleichen.

Die Ameisen und die Bienen arbeiten und transportieren Tannennadeln und Blütenstaub und machen alles richtig und sind wahrscheinlich mit dem, was sie tun, vollkommen zufrieden. Aber sie haben keine Ahnung davon, dass es zum Beispiel einen Igel gibt oder unsere Katze Bella oder gar die Helena und den Paul. Das übersteigt völlig ihr Fassungsvermögen.

Aha, und du meinst, dass es möglicherweise auch eine Welt gibt, die der Mensch nicht begreifen kann?

Ganz richtig, und jetzt können wir uns vielleicht noch einmal daran erinnern, was der Mathematiker Gödel über die Mathematik und der Physiker Max Born über die Dualität der Lichtquanten und die daraus resultierende Unfähigkeit des Menschen gesagt hat, etwas Ganzes in seiner Vielfalt gleichzeitig zu begreifen.

Du meinst, Gott könnte das? Kann man sich denn eigentlich Gott irgendwie vorstellen oder ihn beschreiben?

Der große Kirchenlehrer Thomas von Aquin meinte einmal auf eine solche Frage, von Gott könnten wir nicht sagen, was er ist, sondern nur, was er nicht ist. Das ist eine sehr pessimistische Beurteilung. Es gibt ein großes Konzil der katholischen Kirche, das so genannte 4. Laterankonzil, das im Jahre 1215 stattfand, dem zufolge alle Aussagen über Gott ihm unähnlicher sind als ähnlich. Alle Versuche, Gott rational und mit den Mitteln der Sprache zu definieren, sind bisher gescheitert. Es gibt die Erkenntnismöglichkeiten der Mystik, also der unmittelbaren Wahrnehmung Gottes, der sich den betreffenden Menschen offenbart. Jedenfalls wird eine solche Möglichkeit in der Theologie ernsthaft diskutiert. Es gab früher sogar Lehrstühle für Askese und Mystik an den Universitäten. Aber da sich diese mystischen Erlebnisse nur im Innern eines Menschen abspielen, sind die von diesen Menschen gewonnenen Erkenntnisse von Gott und über Gott nur schwer zu bewerten, vor allem auch deswegen, weil die Mystiker, die vor allem im Mittelalter eine große Rolle gespielt haben, nach dem mystischen Erlebnis nie in der Lage waren, das, was sie gesehen hatten, in Worte zu fassen, oder sie fingen an, Märchen zu erzählen.

Aber es gibt doch zum Beispiel in den Liturgien der Kirchen Beschreibungen oder Eigenschaften, die Gott zugeordnet werden.

Es gibt in der Theologie mehrere Versuche, von Gott zu sprechen. Einmal nimmt man eine Eigenschaft, die auch ein Mensch haben kann, und versieht sie mit einer besonderen Qualifikation. Aus gütig wird allgütig, aus wissend allwissend, aus mächtig allmächtig. Also, man setzt Gott in einen den Menschen überschreitenden positiven Gegensatz zu seinem Geschöpf: Der Mensch ist endlich, Gott ist unendlich. Der Mensch ist sterblich, Gott ist unsterblich. Oder man arbeitet mit Analogien und mit Metaphern, indem man sagt, Gott ist wie ein Vater oder Gott ist die Welt oder Gott ist das Universum. Ich glaube, dass man solche Versuche immer wieder unternehmen muss, vor allem, weil die Kirchen auch Volkskirchen sein müssen und deswegen das, was sie über Gott zu sagen haben, auch einfachen Menschen näher bringen wollen.

Das bedeutet aber doch wohl, dass wir bei Lichte besehen an Gott mit unserem Verstand und mit unserer Sprache einfach nicht herankommen.

Das ist vollkommen richtig. Aber dass der Gedanke an Gott – erinnert euch an Descartes – in den Menschen vorhanden ist, muss einen wenigstens nachdenklich machen. Das Bewusstsein des Menschen ist stark geprägt von Auseinandersetzungen mit der Umgebung, mit der Wirklichkeit, in der er sich befindet. Dass der Mensch ein Bewusstsein von Transzendenz, also von etwas Überirdischem, hat, könnte ja auch in der inneren Auseinandersetzung mit einer solchen transzendenten Realität bestehen. Ein Vogel zum Beispiel, nehmen wir einen Bussard oder einen Falken, die eine besonders elegante Technik haben, die Thermik zu benutzen, diese Tiere brauchten in ihrer Evolution keine aerodynamischen Kenntnisse, die sie sich hätten aneignen müssen. Und dennoch sind die aerodynamischen Regeln, ohne dass diese Vögel davon überhaupt eine Ahnung haben, aus deren Körperbau zu gewinnen. Das Bewusstsein also, dass es etwas Transzendentes geben muss, könnte ja auch in der Menschwerdung des Menschen ein Reflex jener Wirklichkeit sein, die der Mensch zugegebenermaßen mehr erspürt, erahnt als verstehen kann.

Aber auch dieses Beispiel zeigt doch, dass wir eine transzendentale Wirklichkeit nicht beschreiben können, sondern zu Bildern, zu Gleichnissen greifen müssen.

Genau. Und ähnlich wie Max Born oder Sokrates denken auch andere Menschen. Sie sagen, wir können noch so gescheit sein und uns alles Mögliche ausdenken, letztendlich stoßen wir immer wieder an unsere Grenzen und entdecken, wo wir hingucken, Widersprüche und merken, dass es Dinge gibt, die wir gar nicht begreifen, die den Horizont des Menschen übersteigen. Also ist es das Allerbeste, dass wir erkennen, dass wir mit der Vernunft nicht weiterkommen, und wir lassen deshalb all unseren Hochmut und unsere Überheblichkeit fahren, machen einen großen Sprung, lassen alles hinter uns und sagen, ich glaube ganz einfach, dass es Gott gibt, und höre auf, ständig herumzumachen und herumzuzweifeln, was doch zu nichts Gescheitem führt.

Obwohl diese Leute also nicht wissen, ob sie Recht haben, halten sie aber dennoch das für richtig, was sie denken. Das ist doch ein Widerspruch?

Das ist eben der große Sprung ins Ungewisse. Und es ist die Antwort der großen Religionen, zum Beispiel des Christentums. So denkt mit Sicherheit auch unser Pfarrer. Sie alle sagen, Gott sei so groß, dass ihn die menschliche Vernunft nie begreifen könne, und deswegen könne man an ihn nur glauben.

Aber die Zweifel bleiben dann doch.

Die Leute, die einen ganz festen Glauben haben, zweifeln nicht mehr. Natürlich gibt es auch viele Menschen, die, so, wie wir es im Moment machen, überlegen, oder man kann auch sagen zweifeln, ob es Gott gibt. Sie gehen aber trotzdem jeden Sonntag in die Kirche und schieben in der Praxis ihre Zweifel einfach weg.

Wahrscheinlich tun sie das deswegen, weil sie sich schämen zu zweifeln oder weil sie sogar ein schlechtes Gewissen bekommen, weil sie zweifeln.

Die Verzweiflung, die damit verbunden ist, hat der französische Philosoph Jean-Paul Sartre sehr gut umschrieben und daraus seine Existenzphilosophie entwickelt. Wenn der Mensch erlebe, dass er existiere und irgendwann sterben müsse, ohne darin einen Sinn erkennen zu können, dann schaffe dies Angst, und er müsse sich in einer Welt ohne Sinn fremd fühlen. Dies wiederum führe zur Verzweiflung oder zur Langeweile, aber auch zu Ekel und Auflehnung. Sartre sieht in der Freiheit des Menschen einen Fluch. «Der Mensch ist zur Freiheit verurteilt, weil er sich nicht selber erschaffen hat und dennoch frei ist.» Wenn er einmal in die Welt geworfen sei, dann sei er auch für alles verantwortlich, was er tue. Der Mensch habe aber niemanden gebeten, ihn als freies Individuum zu erschaffen. So seien die Menschen als freie Individuen ständig dazu verdammt, ihr ganzes Leben lang sich zu entscheiden, ohne dass es ewige Werte gebe, nach denen sie sich ausrichten könnten. Deshalb könne der Mensch aber auch seine Verantwortung nicht einfach bestreiten und zum unpersönlichen Massenmenschen werden. Diese Freiheit befehle ganz im Gegenteil, dass der Mensch etwas aus sich mache, eine «authentische» oder «echte» Existenz führe, und zwar gerade deswegen, weil es keinen Gott gebe, der den Menschen sagen könne, was sie zu tun hätten.

Nun gibt es aber gläubige Menschen, die aus diesem Problem gerade die umgekehrte Konsequenz ziehen.

Ja, viele sind am Verzweifeln, eben weil sie zweifeln. Sie sagen: Entweder ich verzweifle wegen meiner Existenz und wegen der fraglichen Existenz Gottes, oder ich muss einfach den Sprung in den Glauben wagen. Mich beunruhigt das alles so sehr, sagen sie, dass man sogar auf Selbstmordgedanken kommen kann. Und deswegen meinen sie, auf andere Leute oder auf die eigenen Zweifel gar nicht mehr hören zu müssen. Sie interessieren sich nur noch für sich selber und sagen sich, da ich nicht weiß, ob es Gott und ein Leben nach dem Tode gibt, aber dies durchaus möglich, vielleicht sogar wahrscheinlich ist, gehe ich auf Nummer sicher und glaube einfach.

Aber intelligent ist das doch nicht, und es ist doch vielleicht auch eine Rosstäuscherei, was die Leute da machen.

Ich meine auch, dass man es sich so einfach nicht machen darf. Aber ich habe einmal eine Weihnachtspredigt im Mainzer Dom gehört, die der damalige Bischof von Mainz Kardinal Volk gehalten hat. Er schleuderte den entsetzten Kirchenbesuchern, die sich auf eine friedliche Christmette eingestimmt hatten, den Satz ins Gesicht: Es gibt nur eine Alternative – entweder glauben oder saufen. Da ist natürlich etwas dran.

In der Südpfalz, wo du zu Hause bist und viel Wein wächst, sagen die Leute wahrscheinlich, noch besser sei beides: glauben und saufen.

Da haben sie ganz Recht. Das gilt aber nur für Pfälzer. Aber von denen, die nicht saufen, sondern nur glauben, gibt es noch Radikalere, die sogar so weit gehen wie zum Beispiel der große evangelische Theologe Karl Barth und sagen, Jesus Christus, wie er in der Bibel beschrieben wird, sei das alleinige Wort Gottes, das es gebe. Außerhalb der Kirche gebe es keine anderen Wahrheiten oder Ereignisse oder Mächte oder Personen, die über Gott Auskunft geben könnten. Das ist eine ganz radikale Antwort, die gar nicht mehr nach der Vernunft fragt und nach den Erfahrungen anderer Menschen und Religionen, sondern einfach fast blind das glaubt, was zum Beispiel in der Bibel steht oder was Buddha oder Mohammed gesagt haben.

Wir kennen in der Schule und in der Nachbarschaft Leute, die ganz besonders fromm sind, aber auch furchtbar streng.

Die kenne ich auch. Sie behaupten zum Beispiel, Gott habe das Küssen verboten, und die Liebe zwischen Männern und Frauen sei von der Religion nur dann erlaubt, wenn auch Kinder auf die Welt kommen sollen, das Nacktbaden sei eine schwere Sünde und die Prügelstrafe eine pädagogische Notwendigkeit.

Und die Muslime denken offenbar dasselbe wie die frommen Christen. Jedenfalls wurde die Jasmin Özal von ihrem Vater tagelang eingesperrt und geschlagen, weil sie einmal mit uns abends in die Disco gegangen und erst spät um halb zwölf nach Hause gekommen war. Wenn man richtig glaubt, darf man sich dann eigentlich über nichts mehr freuen, nicht mehr lieben und sich nicht mehr amüsieren?

Sicher sind nicht alle so, und unser Pfarrer hat da eine völlig andere Meinung als diese Leute oder der Herr Özal. Aber diejenigen, die besonders fromm sein wollen, sind oft auch besonders streng zu anderen Leuten und meinen, das, was sie für richtig halten, müssten die anderen auch tun. Ich habe manchmal den Eindruck, dass sie sich selber hassen, weil sie glauben, nur so Gott lieben zu können. Das sind Leute, die meinen, sie seien besonders auserwählt, und sich überbieten im Eifer, andere zu bekehren, aber auch die Liebe und Sexualität abwerten und tanzen, ins Theater gehen und schicke Kleider anziehen schon für Sünde halten.

Haben diese Leute einen Blackout, schaltet der Glaube bei denen einfach den Verstand aus?

Ja, ich glaube, dass es ein schwerer Fehler ist, wenn man in den religiösen Fragen die Vernunft ausschalten will, auch wenn einem die Zweifel manchmal unerträglich vorkommen. Wenn es Gott gibt, dann hat er selber den Menschen die Vernunft gegeben, die Fähigkeit zu denken, zu forschen und zu entdecken. Man muss also der Wissenschaft nicht abschwören, um glauben zu können; so denken ja auch die Nobelpreisträger, über die wir schon gesprochen haben. Deshalb muss man auch nicht aufhören, Wissenschaftler, Philosoph, Mathematiker oder Ingenieur zu sein, um an Gott zu glauben.

Als wir neulich mit dir in einer Versammlung im Kommunalwahlkampf in Rheinland-Pfalz waren, hat dir einer die Frage gestellt, ob es einen Gott, ob es ein Leben nach dem Tode gibt, woher wir kommen und wohin wir gehen.

Und darauf konnte ich ihm nur als Mensch, nicht als Politiker antworten. Denn in dieser Hinsicht geht es den Politikern nicht anders als den Naturwissenschaftlern. Die können den menschlichen Gen-Code entschlüsseln, mit Laserstrahlen operieren, Raketen ins Weltall schicken und auf dem Mars und auf dem Mond landen. Aber sie können kein einziges der zentralen Probleme der Menschen beantworten, nämlich, ob es einen Gott gibt, wie wir leben sollen und was der Sinn des Lebens ist und ob der Tod die Endstation ist. Bei diesem Thema sind eigentlich die Kirchen dran.

Aber die Kirchen sind leer, denen laufen die Menschen doch weg.

Weil in den Kirchen oft nur über zweitrangige Dinge gereddet wird und irgendwelche Schrifttexte ausgelegt werden, die für das Alltags-Leben der Menschen ganz uninteressant sind, anstatt über die wirklichen Probleme zu reden und zum Beispiel die Fragen zu behandeln, wo ist Gott, was ist Gerechtigkeit, wie leben Christen mit Ausländern zusammen, was ist nach dem Tod?

Gibt es deshalb immer mehr Sekten?

Da gibt es wohl einen Zusammenhang. Weil die Menschen in den Kirchen oft keine befriedigenden Antworten auf ihre brennenden Fragen bekommen, wenden sie sich anderen Bewegungen zu. Es gibt richtige religiöse Wellen – Jesus-Movements, charismatische Bewegungen, ein großes Interesse an orientalischer Religion und Mystik bis hin zu Aberglauben und Teufelsanbetern.

Ein schöner Wellensalat.

Einen Hauptgrund sehe ich darin, dass die großen Kirchen oft ihre Botschaft nicht mehr interessant und aktuell genug darstellen. Das Evangelium kann man auch modern und spannend erzählen, wie wir noch sehen werden.

Bei den älteren Schülern machen viele bei Organisationen wie Greenpeace und amnesty international mit. Die suchen aber dort nicht nach religiöser Erleuchtung.

Nein, diese Leute engagieren sich für eine intakte Umwelt und für die Menschenrechte. Aber auch dieses Mitmachen für die Umwelt oder bei Bürger- und Menschenrechtsbewegungen auf der ganzen Welt hat nach meiner Meinung etwas damit zu tun, dass die Menschen erkennen, dass Geld und Hab und Gut nicht alles sind und dass die Unordnung, die überall vorhanden ist und die weltweiten Ungerechtigkeiten nicht geduldet werden dürfen.

Um das zu erkennen, muss man also nicht gläubig, muss man kein Christ sein?

Nein, sehr viele, ob sie nun an Gott glauben oder nicht,

sind davon überzeugt, dass die Ungerechtigkeiten auf dieser Welt nicht in Ordnung sind. Und die meisten haben doch irgendwie eine Sehnsucht danach, dass es so, wie die Welt sich im Bösen und Ungerechten entwickelt hat, eigentlich nicht weitergehen dürfe und dass es eine ganz andere, bessere Welt geben müsse. Und setzen sich dafür ein.

Brauchen diese Menschen dafür Gott?

Ihr kennt sicher alle Bertolt Brecht, und der hat eine Geschichte erzählt von einem Herrn Keuner, der von jemandem gefragt wird, ob es einen Gott gebe. Ich lese einmal vor, was der darauf gesagt hat: «Ich rate dir, nachzudenken, ob dein Verhalten je nach der Antwort auf diese Frage sich ändern würde. Würde es sich nicht ändern, dann können wir die Frage fallen lassen. Würde es sich ändern, dann kann ich dir wenigstens so weit behilflich sein, dass ich dir sage, du hast dich schon entschieden: Du brauchst einen Gott.»

Ist das nicht ein bisschen kompliziert ausgedrückt?

Ich finde nicht. Viele Atheisten sagen am Ende ihres Lebens: «Das war's dann.» Oder stellen die Frage: «Ist das alles gewesen?» Wenn sie an Gott glauben könnten, dann müssten sie vielleicht nicht so reden. Dann wäre das eigene Leben eben doch nicht alles gewesen. Und wenn einer mit seinem Leben nicht zufrieden war, dann hätte er die Möglichkeit, es in einem neuen Leben besser zu machen. Ich gebe zu, es ist nicht leicht, so was zu glauben. Aber viele haben eine Sehnsucht nach Erfüllung, nach Liebe, die nie gestillt worden ist, und wenn es nach dem Leben weitergeht, wenn es Gott gibt, dann geht die Sehnsucht vielleicht doch nicht einfach ins Leere.

Du sagst immer wenn, dann wäre.

Ja, das ist ein richtiger Einwand. Aber ihr müsst auch umgekehrt sehen, wenn Gott nicht existierte, was das für viele Menschen bedeutete. Wir haben ja erlebt, dass die Politiker,

die den Menschen das Heil, das Paradies, den Himmel auf
dieser Erde versprochen haben, ihr Versprechen nicht einhalten konnten, sondern ganz im Gegenteil gerade Unglück
über die Menschen gebracht haben. Und dann könnte man,
wenn Gott existierte, vielleicht sogar mit dem größten Problem leichter fertig werden, nämlich mit den Leiden, die die
einzelnen Menschen haben, mit dem Unglück, mit Schmerzen, mit Alter und Tod des Einzelnen. Denn wenn die Hoffnung vorhanden wäre, dass es einmal ganz anders kommt
und besser wird, dann hätte das Leben vielleicht doch noch
einen Sinn gehabt. Man kann es auch mit einem Satz zusammenfassen. Wenn Gott existiert, dann kann man die grundlegenden Fragen der Menschheit: «Wer sind wir? Woher
kommen wir? Und wohin gehen wir?», einfach besser beantworten. Dann ließe sich zum Beispiel auch die Frage beantworten, woher der Wasserstoff und woher die Materie,
woher die Welt überhaupt und woher der Mensch kommt.

Aber im Grunde genommen ist das ja alles nur Hoffnung?
Aber doch eine begründete Hoffnung, abgesehen davon,
dass der Mensch ohne Hoffnung schlecht leben kann. Und
es ist doch auch merkwürdig, dass so viele ganz unter-
schiedliche Menschen an Gott glauben. Sonntags in der Kirche bei uns versammeln sich alte und junge Leute, Winzer-
familien, das Ärztehepaar vom Nachbarort, der Filialleiter
von Aldi und der Rektor der Sonderschule von Herxheim.
Nun haben wir einen Pfarrer, der gut predigen kann, Ar-
beiterpriester war und eine Mission in Indien betreut. Das
gibt es auch nicht überall. Aber an Gott glauben weltweit
die Fellachen im Niltal genauso wie der Präsident der USA
oder die Bergführer in den Walliser Alpen, die Opernsän-
gerin an der Mailänder Scala und der Professor in Boston an
der Harvard University. Nicht alle machen sich dieselben
Gedanken und stellen dieselben Fragen. Aber es ist doch
bemerkenswert, dass die Menschen aus den unterschied-

lichsten Blickwinkeln sich für das Warum, Woher und Wohin im menschlichen Leben interessieren.

Dann ist aber die Auffassung, die ich schon gehört habe, dass es blöd sei, überhaupt nach Gott zu suchen, auch nicht gerade intelligent?

Jetzt wiederhole ich mich: Wenn es um Gott geht, darf es keine Frageverbote geben.

Aber ist es nicht einfach auch unbefriedigend, wenn man sagen muss, Gott kann man nicht beweisen, aber die Nicht-existenz Gottes kann man auch nicht beweisen? Oder wenn man sagt, ein Nein zu Gott ist möglich, aber auch ein Ja zu Gott ist möglich? Das ist ja wie beim Schachspielen. Das ist ein richtiges Patt, ein Unentschieden, wie wenn Bayern München gegen Kaiserslautern 2:2 spielt.

Damit muss sich auch Bayern München abfinden. Aber wir haben gesehen, es sprechen doch ganz gute Gründe für die Existenz Gottes. Das Leben wird sinnvoller für den einzelnen Menschen, wenn er darauf vertrauen kann, dass es Gott gibt, vor allem, wenn es ihm schlecht geht. Vieles spricht für Gott, weil ja nicht nur Christen, sondern auch viele Millionen von Nichtchristen, Juden, Moslems, Hindus, Buddhisten, dieselbe Auffassung und dieselbe Meinung haben.

Also meinst du, dass man sich einfach entscheiden muss.

Ja, aber nicht ohne vernünftige Überlegung. Solange es den Menschen gut geht, machen sie sich nicht viele Gedanken. Aber wenn es ihnen schlecht geht, ist derjenige, der an Gott glaubt, besser dran. Einen, der schwer krank ist oder im Gefängnis sitzt und nicht an Gott glaubt, kann leicht die Angst und die Verzweiflung packen.

Gut, das leuchtet ein. Jetzt kannst du doch endlich die Frage beantworten, die wir dir schon vorhin gestellt haben und die du bisher auf die lange Bank geschoben hast, nämlich, ob es nicht auch viele Menschen gibt, die nicht an Gott

glauben, die dennoch etwas Gutes tun und die sagen, ich mache wenigstens in meinem Leben etwas Positives, indem ich zum Beispiel anderen Menschen helfe – und damit bin ich voll zufrieden.

Ich kenne viele solche Menschen. Umberto Eco hat einmal erzählt, dass er sich als junger sechzehnjähriger Katholik auf ein Streitgespräch mit einem älteren Bekannten eingelassen hat, der als «Kommunist» bekannt war, und bei dieser Debatte sei es um die Frage gegangen, wie man als Nichtgläubiger dem ganz sinnlosen eigenen Tod einen Sinn geben könne.

Was hat der Kommunist geantwortet?

Er lege vorher fest, dass er ohne kirchlichen Beistand begraben werden wolle. Dann sei er nicht mehr da, aber er habe den anderen ein gutes Beispiel gegeben. Ich finde, man muss ein solches Vertrauen in den Sinn seines eigenen Lebens und auch in das eigene Pflichtgefühl bewundern, das sich in einer solchen Antwort ausdrückt. Umberto Eco meint, dieses Verständnis vom eigenen Leben sei es, das viele Nichtgläubige dazu befähigt habe, zum Beispiel unter der Folter zu sterben, ohne ihre Freunde zu verraten. Oder andere, sich von der Pest anstecken zu lassen, um die Pestkranken zu heilen. Oft ist es auch das Einzige, was einen Philosophen zum Philosophieren treibt oder einen Schriftsteller zum Schreiben, nämlich eine Flaschenpost zu hinterlassen, damit das, woran man geglaubt hat oder was man schön fand, auch von den Nachgeborenen geglaubt oder schön gefunden werden kann.

Das ist eine sehr selbstlose Perspektive, aber viele brauchen offenbar keinen Gott, um etwas nach ihrer Meinung Sinnvolles zu tun.

Ich bin sogar davon überzeugt, dass es große Heilige gibt, die nicht an Gott geglaubt haben. Aber können wir es darauf ankommen lassen, ob es solche Menschen gibt, ob Menschenrechte gültig sind oder nicht? Denn gut sein, andere Menschen schützen, sie in ihrem Wert anerkennen, unabhängig davon, ob sie arm oder reich sind, Schwarze oder Weiße, muss *immer* gelten. Und dann kommt man ohne Gott schlecht aus.

Du meinst, wenn man mit Gott rechnet, verhält man sich anders, als wenn man nicht mit ihm rechnen muss?

Der russische Dichter Dostojewski hat einmal etwas gesagt, was Atheisten furchtbar ärgern muss: «Wenn Gott nicht existiert, ist alles erlaubt.» Als ob, so sagen die Atheisten, sie alle Kriminelle wären, die sich an keine Gesetze hielten.

Sind die Atheisten dann nicht zu Recht empört?

Natürlich wollte Dostojewski sie provozieren. Aber wir dürfen uns ja nicht damit zufrieden geben, dass sich zufällig einzelne Menschen richtig verhalten. Entscheidend ist doch, dass sich möglichst alle Menschen so verhalten, und das wird nur gut gehen, wenn es Werte gibt, die den Menschen vorgegeben sind.

Wie meinst du das?

Ich will es an einem Beispiel erzählen. Karl Marx, über den wir ja schon gesprochen haben, hat einmal gemeint, dass der Mensch, «wie er geht und steht», nicht der eigentliche Mensch sei, sondern er müsse das richtige gesellschaftliche Bewusstsein haben und der richtigen Klasse angehören. Für die Nazis musste er der richtigen Rasse, für die Nationalisten bis auf den heutigen Tag dem richtigen Volk und für die Fundamentalisten der richtigen Religion angehören. Und wenn die Menschen im 19. Jahrhundert zum Beispiel das Pech hatten, der falschen Klasse, Rasse, Nation oder Religion anzugehören, wurden sie liquidiert, vergast, ermordet oder zu Tode gefoltert. So ist es bis auf den heutigen Tag in Tibet, in Afghanistan, im Kosovo, in Kurdistan, im Sudan und am Kongo.

Jetzt hast du uns über die falschen Vorstellungen vom

Menschen erzählt. Welches ist aber das richtige Menschenbild?

Ganz offensichtlich doch das Menschenbild, das diese Einteilung der Menschen in bestimmte Kollektive und Klassen vermeidet und die unantastbare Würde eines jeden Einzelnen anerkennt, unabhängig davon, ob jemand jung ist oder alt, Mann oder Frau, gesund oder krank, behindert oder voll leistungsfähig, arm oder reich, aber auch unabhängig davon, ob einer Deutscher oder Ausländer, Christ oder Jude, Weißer oder Schwarzer ist. Und außerdem ergibt sich aus diesem Menschenbild, dass der Mensch ein soziales Wesen ist, dass er allein nicht überleben kann. Auch die Neoliberalen, die das bestreiten, haben sich nach ihrer Geburt nicht selbst gefüttert.

Dass wir Eltern und Geschwister haben, finden wir nicht so übel. Die Angehörigen anderer Religionen können das doch genauso sehen.

Nicht nur andere Religionen, auch der Atheist kann dem nicht gut widersprechen. Und das hat etwas mit Gott zu tun, weil dieses Bild vom Menschen, dieses Verständnis vom Menschen nur dann einen Sinn hat, wenn nicht irgendwelche Ideologien und Philosophien und Religionen oder auch damit verbunden irgendwelche Despoten und Gewaltherrscher hergehen und sagen können, das gelte nicht, wenn einer Jude ist oder «Neger», eben ein Mensch zweiter oder dritter Klasse. Wenn so etwas unmöglich gemacht werden soll, dann muss man diese Menschenwürde in einem Wesen verankern, das über den Menschen steht, und dadurch dem Zugriff der Menschen selber, der Gesellschaft, der Staaten entziehen. Menschenrechte müssen doch allgemein gültig sein. Die Verankerung in Gott ist dafür eine Garantie.

Aber der Präsident von Malaysia hat neulich gesagt, das seien westliche, europäische Vorstellungen. In Asien sei

Konfuzius der große Lehrer, und der habe so etwas nicht gelehrt und solche Rechte nicht anerkannt.

Das stimmt gar nicht. Und selbst wenn es so wäre, dann hätte eben Konfuzius nicht Recht. Die so genannten Nichtregierungsorganisationen in Asien, das sind Organisationen, die in der Entwicklungshilfe privat tätig sind, haben in einer Menschenrechtserklärung Mitte der neunziger Jahre gesagt, sie setzten sich zwar für kulturelle Vielfalt ein, doch alle Sitten und Bräuche, welche die allgemein anerkannten Menschenrechte verletzten, seien nicht annehmbar. Sie müssten die Logik zurückweisen, dass eine Person in Asien ein geringeres Schutzrecht vor Folter haben soll, nur weil sie in Asien gefoltert wird.

Aber haben die Afrikaner und Asiaten nicht doch eine andere Welt? Es gibt doch einen amerikanischen Professor namens Huntington, der in einem Buch den Zusammenprall der Zivilisationen für unausweichlich hält und uns den Untergang prophezeit hat?

Das halte ich für völlig unbegründet und außerdem auch nicht zwangsläufig. Nicht das Gegeneinander der Kulturen, sondern der Dialog zwischen den Kulturen, der freie Austausch der Wissenschaften ist notwendig. So kann es eine machtvolle globale Bewegung zur Durchsetzung der Menschenrechte geben. Über die Gemeinsamkeiten der fünf großen Weltreligionen haben wir ja bereits gesprochen, dass man zum Beispiel nicht töten soll, die Eltern ehren, nicht stehlen, nicht lügen soll. Dass Milliarden von Menschen dieselbe in ihrem Gott verankerte Grundüberzeugung haben, ist für die Ordnung auf der Welt doch ein riesengroßer Vorteil.

Soll das heißen, dass dann alle, die nicht so handeln, vom Staat oder von irgendeiner anderen Instanz bestraft werden sollen?

Deswegen habe ich das nicht gesagt, sondern deswegen,

weil mit dem Glauben an Gott eine solche Auffassung leichter von vielen Menschen als allgemein verbindlich anerkannt wird. Natürlich gibt es viele Ansprüche, Pflichten, Gebote und Normen, die sich ganz pragmatisch begründen lassen und allen einsichtig sind, zum Beispiel, dass man halt auf der Straße mit dem Auto rechts fahren muss oder links, je nachdem, wie man das vereinbart, damit die Autos nicht zusammenstoßen.

Klar, das ist ja logisch.
Aber warum soll ich andere Regeln unbedingt befolgen, wenn sie zum Beispiel meinen Interessen völlig zuwiderlaufen? Warum soll ich als Arzt jemanden behandeln, der mir nichts oder nur wenig Geld bezahlen kann? Warum soll ich Flüchtlinge aus anderen Ländern aufnehmen, die dann hier nur Geld kosten? Warum soll ich mit meinem Steuergeld ein Orchester in der Stadt Frankfurt finanzieren, obwohl ich völlig unmusikalisch bin? Dafür mag es noch eine ganze Reihe von Gründen geben, die man auch kapieren kann, ohne an Gott zu glauben. Bei der Solidarität mit Ausländern geht das für viele schon weniger gut. Und warum soll man Leuten, die 85 oder 90 Jahre alt sind, noch ein künstliches Hüftgelenk einsetzen? Warum schaltet man die nicht vom Dialyseapparat ab? Warum sollen Embryonen nicht zu Forschungszwecken verwendet werden? Oder Demenzkranke oder überhaupt Leute, die einwilligungsunfähig sind, weil sie zum Beispiel geistig behindert sind? Oder warum sollen Kinder nicht eines Tages einfach abgetrieben werden, wenn sie zum Beispiel, wie das in Indien geschieht, Mädchen sind? Da wird die Sache ohne Gott schon schwieriger.

Wahrscheinlich hat Adolf Hitler ähnliche Verbrechen begangen, weil er nicht an Gott, sondern nur an sich selber geglaubt hat.
Ja, das ist eben genau die Frage. Warum sollen Machthaber,

Verbrecher, bestimmte Gruppen, die in der Mehrheit sind, Nationen, die Manager von Großkonzernen eigentlich nicht gegen diese Menschenwürde, gegen die Menschenrechte handeln, wenn das in ihrem Interesse ist, wenn es nicht eine übergeordnete Instanz gibt, die so etwas verbietet? Man kann auch etwas grundsätzlicher sagen: Die Unbedingtheit eines ethischen Anspruchs lässt sich nur von einem Unbedingten her begründen, von einem Absoluten. Etwas, was nicht der Mensch als einzelner oder die menschliche Gemeinschaft sein kann, sondern eben, so würden wir es nennen, Gott.

Aber die Atheisten könnten ja sagen, ich handle nicht nach Gott, sondern folge meinem Gewissen.

Das sagen sie auch. Aber woher haben wir denn unser Gewissen? Und woher stammen die Regeln, nach denen sich das Gewissen richtet?

Hat also die Ethik etwas mit der Existenz Gottes zu tun?

Das ist das Argument, das einer der größten Philosophen der Welt, Immanuel Kant, genannt hat. Er war der Auffassung, dass man mit der reinen Vernunft, mit dem Verstand, Gott nicht beweisen könne. Aber er sagt, dass die praktische Vernunft, also die Erkenntnis, dass ein geordnetes Zusammenleben der Menschen ohne Moral nicht möglich ist, die Existenz Gottes erfordert. Nur eine Begründung der Moral in Gott begründe den unverletzlichen Wert, die unantastbare Würde und die Freiheit jedes Menschen, die eine freiheitliche Gesellschaft einfach voraussetzen muss, wenn sie nicht im Chaos untergehen oder im Totalitarismus enden will.

Sechstes Gespräch
Über das Böse, das Leid und das Elend auf der Welt

Können wir noch einmal zurückkommen auf das «große Spiel», auf die Frage, ob «Gott würfelt»? Beim «Mensch ärgere dich nicht»-Spiel werden ja auch Figuren von anderen Figuren, wenn der Würfel es befiehlt, hinausgeschmissen. Und es gibt nur einen Sieger oder höchstens einen zweiten Sieger, aber es gibt eben auch Verlierer! Und ist es denn in der Wirklichkeit, vor allem auch mit den Menschen und Tieren nicht genauso?

Ich halte das für die schwierigste Frage, die im Zusammenhang mit Gott gestellt werden kann. Denn der Mensch ist ja nicht nur Mitspieler, sondern es wird ihm oft übel mitgespielt. Im großen «Spiel des Lebens» ist nicht alles gut gelungen, sondern die Evolution ist auch stecken geblieben bei Krankheiten und Behinderungen und hat den Tod nicht verhindert, sondern sogar programmiert.

Ist das Grundgesetz der Evolution, die Auslese desjenigen, der am meisten fit ist, nicht doch ein grausames Spiel, auch wenn es Vorteile hat. Wir haben darüber geredet. Und wie kann es sein, dass Gott ein Spiel mit solchen Regeln überhaupt zulässt?

Ehrlich gesagt, ich kenne keine vollkommen befriedigende Antwort. Vielleicht kommen wir in diesem Gespräch weiter. Vielleicht ist Gott gar nicht allmächtig. Wahrscheinlich ist Gott ganz anders, etwas ganz anderes als ein überdimensionaler Mensch. Aber eure Fragen sind zweifellos das stärkste Argument der Menschen, die nicht an Gott glauben können. Sie haben viele Menschen, auch tief gläubige Menschen, zu Zweiflern, zu Rebellen gegen Gott werden lassen. Und wenn man die Bücher durchliest, die sich mit diesen Fragen beschäftigen, dann findet man viele faule Ausreden und nichts sagende Antworten – wenn man daran festhält, dass Gott allgegenwärtig und allmächtig ist.

Die Leute fragen doch völlig zu Recht, könnte denn nicht alles viel besser sein? Ist denn das, was durch die Evolution zu Stande gekommen ist, wirklich das Optimale?

Wahrscheinlich nicht. Aber die Welt ist andererseits im Großen und im Kleinen ein «Wunderwerk». Jeder kleine Junge kann einen Käfer zertreten. Aber kein Professor auf der ganzen Welt kann einen Käfer herstellen.

Müsste nicht Gott eingreifen, wenn es darum geht, etwas Besseres zu schaffen oder etwas Schlechtes zu verhindern?

Dann würde er die Gesetze der Evolution aufheben und käme dann erst recht aus der Notwendigkeit gar nicht mehr heraus, ständig eingreifen und korrigieren zu müssen.

Wir haben aber immer noch nicht das Problem beantwortet, und das war im Grunde genommen die erste Frage in unserem Gespräch, was es denn für einen Sinn macht, über Weltmodelle nachzudenken vom Urknall bis zum Endknall oder bis zum Zerfallen des Universums, wenn es innerhalb der Geschichte dieses Kosmos zu den schlimmsten Katastrophen im Großen wie im Kleinen kommen kann. Im Geschichtsunterricht ist fast nur die Rede von Kriegen, von Massenmord, und wenn man in die Zeitungen hineinsieht, dann kommen Menschen ums Leben, sie verhungern, Zehntausende werden gefoltert, weil irgendwelche Despoten ihre Terrorherrschaft ausüben, Menschen werden ausgebeutet, 100 Millionen sind auf der Flucht, 2 Milliarden haben kein sauberes Trinkwasser und keine regelmäßige ärztliche Versorgung. Wenn man nicht verrostete Ohren und Augen hat, muss man doch die Frage stellen, was soll das Ganze und was soll die Rederei von Gott, wenn so etwas auf der Welt möglich ist.

Das muss jeden umtreiben, der nicht gerade einen hohlen

Kopf und ein Herz aus Stein hat. Wie gesagt, auch sehr fromme und gottgläubige Menschen beginnen zu zweifeln. Es gibt auch Menschen, die Gott sogar hassen, weil sie die schrecklichen Ereignisse dieser Welt, das Vergasen der Juden, die Kreuzzüge, die Hexenverbrennungen, nicht mit Gott in Übereinstimmung bringen können.

Also, was kann man nun darauf sagen?
Zunächst etwas ganz Einfaches: Nicht Gott hat die Hexen verbrannt, sondern Menschen. Und wenn wir weiterkommen wollen, müssen wir, auch wenn ihr jetzt sagt, ich würde dauernd ausweichen, doch noch einmal an das Positive in dieser Welt erinnern, das es ja auch gibt. Die billionenfachen «Wunder» in der Natur, den Pflanzen, mit den Kunstwerken ihrer Blätter, Früchte, Blüten, mit ihren Farben, die Schönheit der Landschaften, der Tiere, der Menschen, die phantastisch geordnete Welt des Makro- und des Mikrokosmos, die Naturgesetze, aber auch die menschlichen Tugenden – das alles muss einen Grund haben. Auch die Super-String-Theorie und die Keine-Grenzen-These von Hawking, aber auch das Immaterielle, die Denkgesetze der Logik, die Naturgesetze, die geistigen Werte, die Musik Bachs, Mozarts, Schuberts, Beethovens, die Werte der Liebe, der Dankbarkeit sind doch eine positive, schöne und gute Gegenwelt zu dem Negativen, das ihr geschildert habt.

Das klingt alles richtig oder jedenfalls ist dies verständlich, und das haben wir auch schon mehrfach abgehandelt. Aber jetzt komm doch endlich zu der eigentlichen Frage und ihrer Antwort, wovor du dich dauernd herumdrückst. Warum gibt es auf dieser Welt keinen Frieden, sondern einen permanenten Kampf aller gegen alle? Warum dieses Ausleseprinzip Menschen gegen Menschen, Menschen gegen Tiere, Tiere gegen Tiere, das zu dem angeblich von Gott gegebenen Regelwerk des Universums gehört?

Ich habe darauf keine total befriedigende Antwort. Schauen wir mal in die Geschichte, ob sie uns weiterhilft. Ansteckende Krankheiten zum Beispiel wurden im alten Griechenland als Strafe der Götter betrachtet. Manche in unserer Zeit sind um kein Haar besser. Auch heute halten viele Menschen auf der ganzen Welt zum Beispiel AIDS, aber auch Geschlechtskrankheiten für eine Strafe Gottes. Sie nennen also Gott geradezu als Ursache für diese Leiden und die damit verbundenen Qualen der Menschen. Einer, der sich besonders viel Gedanken über das Leid in der Welt gemacht hat, war der Kirchenvater Augustinus, der meinte, dass das Böse als Ursache des Leides in der «Abwesenheit» Gottes bestehe. Das Böse habe keine selbständige Existenz. Es sei sozusagen ein Nichts, denn in der Schöpfung Gottes, die nur gut sein könne, habe das Böse keinen Platz. Das Böse entstehe erst durch den Ungehorsam der Menschen, meinte Augustinus.

Aber wenn man sich Gott so vorstellt, wie Augustinus dies tut, dann muss man ja die Frage stellen, warum Gott nicht gleich beschlossen hat, dass es ein Leid überhaupt nicht geben kann.

Darauf antwortet Augustinus mit einer glatten Ausflucht. Er behauptet nämlich, dass der Mensch nicht das Recht habe, Gott zu kritisieren. Und er beruft sich dabei auf den Apostel Paulus, der in seinem Brief an die Römer geschrieben hat: «Mensch, wer bist du denn, dass du mit Gott rechten willst? Spricht so das Werk zu seinem Meister: Warum machst du mich? Hat nicht ein Töpfer Macht, aus einem Klumpen Lehm ein Fass zu machen, wie er es will?»

Mit einer solchen Auffassung kannst du aber heute keinen Menschen überzeugen. Gott sitzt nach dieser Meinung also im Himmel und macht mit den Menschen, was er will?

Das hat Augustinus selber gemerkt. Er wollte, wie er später sagte, zum Ausdruck bringen, dass alle Menschen von der

Gnade Gottes abhängig sind. Aber damit sind wir bereits bei den religiösen Interpretationen der Existenz des Bösen. Und damit kommt man auch nicht viel weiter, wenn man an einen personalen Gott glauben soll. Die asiatischen Religionen, die diesen Gottesbegriff nicht kennen, sondern, wie wir gesehen haben, das gesamte Universum, in dem sich auch der Mensch befindet, als das Göttliche betrachten, kommen nicht in solche Schwierigkeiten, weil sie keinen Gott haben, dem sie solche Fragen stellen könnten. Das ist zwar auf der einen Seite unbefriedigend, verhindert aber auf der anderen Seite, dass die Menschen ständig dieselben lästigen Fragen an Gott stellen.

Wie sollen wir jetzt weiter vorangehen?

Ich bin dafür, dass wir das Schritt für Schritt machen. Ihr habt gerade von dem ständigen Streit, den Kriegen, dem Kampf der Menschen gegen Menschen und der Tiere gegen ihre Artgenossen gesprochen.

Und mit Augustinus habe ich den Begriff des Bösen in die Diskussion gebracht. Ich habe ganz absichtlich zunächst einmal von dem Positiven und von dem Guten gesprochen, das wir alle erleben und erfahren. Denn das, was ihr gerade umschrieben habt, ist eben das Gegenteil des Guten. Wir nennen es das Böse. Und ich glaube, dass man diese schrecklichen Ereignisse nur dadurch erklären kann, dass es das Böse gibt, dass in der Natur und im Menschen auch das Gegenteil des Guten verankert ist. Dass der Evolutionsprozess im Rahmen von Zufall und Notwendigkeit auch das Böse ermöglicht. Dabei will ich einmal dahingestellt sein lassen, ob es das personifizierte Böse – den Teufel – gibt, was viele glauben. Also sozusagen den Gegenspieler von Gott. Von dieser Lösung gehen die christliche Religion und die Bibel, aber auch der Islam aus. Und es ist ja tatsächlich so, dass im menschlichen Leben täglich hunderttausendfach etwas Böses geschieht. Das Böse existiert. Die christliche Religion findet dafür eine Erklärung, dass nämlich ein großer, unabhängiger Geist sich gegen Gott gestellt hat. Er trägt den schönen Namen Luzifer, der «Lichtträger», was an seine ursprüngliche Macht und Stellung erinnert.

Und dieser Geist des Bösen soll verantwortlich sein für das konkrete Böse, das tagtäglich geschieht?

Daran kann ich nicht glauben. Denn wenn er in das menschliche Leben und das Weltgeschehen negativ eingreifen könnte, müsste man erst recht ein Eingreifen im positiven Sinne Gott zubilligen. Wenn das eine nicht geschieht, ist auch das andere Extrem unwahrscheinlich.

Aber du hast doch gerade vorhin gesagt, das Böse existiere.

Wir haben konkrete Erscheinungen des Bösen: Unterdrückung, Ungerechtigkeit, Gewalt – das sind Fakten, die kein Mensch wegdiskutieren kann.

Aber ist es nicht oft so, dass das Gute, sagen wir zum Beispiel die religiöse Meinungsfreiheit, in den Augen von Islamisten etwas Satanisches ist. Deswegen wurde ja Salman Rushdie von den iranischen Ajatollahs zum Tode verurteilt.

Man muss in der Tat mit dem Begriff des Bösen sehr vorsichtig umgehen. Kein Tag vergeht, ohne dass nicht jemand irgendetwas verteufelt: das Auto, das Fernsehen, die Love-Parade, AIDS, Drogen, die Sexualität, Asylbewerber, die Araber, die Juden, den KGB, die CIA, Bill Clinton, die CDU, den Kapitalismus, den Lärm, die Zigaretten, den Krebs, die Atomkraftwerke. Habe ich etwas vergessen?

Wir können noch einiges mehr finden. Gibt es denn Kriterien und Maßstäbe, um etwas Böses objektiv feststellen zu können?

Es gibt auf jeden Fall eine Grundregel, die Kant etwas gehobener formuliert den «kategorischen Imperativ» genannt hat: Was du nicht willst, dass man dir tut, das füg auch keinem anderen zu. Die Verletzung der Menschenrechte, zum

Beispiel des Rechts auf körperliche Unversehrtheit, die Beschneidung von Frauen, aber auch der Verstoß gegen die Zehn Gebote, das Lügen, Töten, Stehlen, nicht legitimierte Gewalt – das alles gehört mit Sicherheit zum Bösen im menschlichen Leben.

Im Grunde widerspricht doch das Böse jeglicher Vernunft.
Soweit es bewusst geschieht, sicher. Manches Elend und manche Leiden sind allerdings auch vermeidbar, die Armut in vielen Ländern, Herz-Kreislauf-Krankheiten, das Raucherbein, Verkehrsunfälle. Vieles bricht unaufhaltsam über die Menschen herein: Naturkatastrophen und Epidemien, und die Natur insgesamt ist grausam: der Kampf ums Überleben, das Fressen und Gefressenwerden der Tiere.

Das heißt aber doch, dass auch im Kosmos ein hohes Maß an Unordnung vorhanden ist.
Aus der Sicht von uns bewusst denkenden Menschen kann man das sicher bestätigen. Deswegen möchte ich gerne einen Gedanken weiterverfolgen, der uns vielleicht weiterhelfen kann. Wir haben vorhin miteinander beredet, dass der Glaube an Gott eben auch beinhaltet, dass alles einen Sinn haben muss. Nun stehen wir vor der Tatsache, dass es im Leben zumindest dem Augenschein nach etwas Sinnloses gibt, nämlich eben das Böse und das Leid.

Ja, wie kann das auf einen Nenner gebracht werden?
Das geht eigentlich nur, wenn man die ganze Welt und das Leben als einen Prozess begreift, was ja auch der Fall ist, der auf eine Vollendung zuläuft. Im jetzigen Moment, also in der Zeit, in der wir leben, oder in der Zeit, in der andere gelebt haben oder noch leben werden, begegnen wir einem ständigen Widerspruch zwischen Gut und Böse, zwischen Freude und Hass, zwischen Liebe und Leid.

Wie kann man einen solchen Widerspruch lösen?
Indem man die Situation, die den Widerspruch hervorruft, verändert.

Was meinst du damit?

Ich nehme einmal das Beispiel der atomaren Abschreckung. Ihr wisst sicher, dass in den Zeiten des «Kalten Krieges», also bis Ende der achtziger Jahre, die Atombombe deswegen eine große Rolle gespielt hat, weil beide Supermächte, die USA und die Sowjetunion, über diese Waffen verfügten. Damals gab es einen großen moralischen Streit darüber, ob man überhaupt solche Waffen besitzen dürfe, weil sie, würden sie einmal eingesetzt, das vernichten würden, was eigentlich verteidigt und geschützt werden sollte. Es wäre also unmoralisch, sozusagen «böse», Atombomben zu besitzen. Demgegenüber wurde aber wieder eingewandt, dass durch die Existenz der Atombombe ein möglicher Angreifer – aus westlicher Sicht kam dafür nur die Sowjetunion in Frage – abgeschreckt werden würde, nun einen Krieg zu beginnen. Und dass deswegen der Besitz von Atombomben gerade eine Garantie dafür sei, dass ein solcher Krieg gar nicht erst ausbreche, und deswegen nicht «böse» sei.

Wie wurde denn dieser Streit entschieden?

Dieser Streit wurde dadurch entschieden, dass die Sowjetunion zusammengebrochen ist. Und außerdem schon vorher dadurch, dass die Supermächte Verträge abschlossen mit dem Ziel, abzurüsten und die atomaren Waffen zu verschrotten.

Hast du vielleicht noch ein besseres Beispiel für unsere schwierige Diskussion?

O.k. Nehmen wir folgenden Fall: Es kann während einer Schwangerschaft zu einem fast unlösbaren Konflikt kommen, wenn wegen medizinischer Umstände das Leben sowohl der Mutter wie auch des ungeborenen Kindes gefährdet ist und man letztendlich nur ein Leben, entweder das der Mutter oder des Kindes, retten kann. In einem solchen Fall darf strafrechtlich das Kind abgetrieben werden, um das Leben der Mutter zu retten. Das nennt man die so genannte medizinische Indikation. Ebenfalls, wie man leicht erkennen kann, ein moralischer Widerspruch in sich, ein moralisches Paradoxon.

Was soll das nun alles bedeuten für die Bewältigung von Leid, Schmerz und Unrecht auf dieser Welt?

Man muss das «Böse» überwinden, indem man die Verhältnisse ändert, die das Übel produzieren. Also zum Beispiel dadurch, dass die Medizin so weiterentwickelt wird, dass ein solcher Konflikt zwischen Mutter und Kind gar nicht mehr entstehen kann. Dies ist zum Beispiel in Deutschland und fast in ganz Europa heute schon der Fall. Oder, um das andere Beispiel zu nehmen, dass abgerüstet wird und es zu einer gegenseitigen Bedrohung mit diesen Waffen nicht mehr kommen kann, weil derartige Waffen nicht mehr zur Verfügung stehen.

Soll auf diese Weise Leid, Armut, Mord und Bruderkrieg in Übereinstimmung gebracht werden mit einer Welt, die ihren Ursprung in Gott hat?

Wenn man der Auffassung ist, dass der Kosmos auf ein Ziel zugeht, dann liegt auf jeden Fall eine Lösung unseres Problems darin, dass das Böse überwunden und das Leid im geschichtlichen Prozess zurückgedrängt wird, und zwar durch die Menschen selber mit den Mitteln der Wissenschaft, dem Einsatz der Politik, der gegenseitigen Hilfe der Menschen, der Verbesserung ihrer Lebensbedingungen.

Aber ist dies nicht wieder eine dieser Vertröstungen, die die Menschen erfinden, weil sie mit der Realität nicht fertig werden?

Es ist in der Tat ein Argument, das zum Beispiel Karl Marx gebracht hat, indem er meint, die Christen würden ihre Ketten mit Blumen schmücken, um sie erträglicher zu machen. Aber er hat, und damit steht er dann mit seinem Argument ganz auf meiner Seite, gesagt, anstatt die Ketten mit Blumen zu schmücken, sollten die Menschen das tun, was sie können, nämlich das verändern und beseitigen, was das Elend verursacht.

Ist es nicht einfach eine Flucht nach vorne, um der Gegenwart auszuweichen?

Das muss man nicht so sehen. Gerade in der Gegenwart setzen immer mehr Menschen gegen die permanenten Zweifel und gegen das Verzweifeln Taten der Hoffnung und leisten damit einen Beitrag zum Kampf für Gerechtigkeit, Freiheit und Frieden, mit dem Ziel einer allmählichen Vollendung des Kosmos. Sie kämpfen also im Hier und Heute gegen die Mächte des Bösen, die es ja gibt, gegen die Ungerechtigkeit, gegen die Herrschaft des Kapitals, gegen die Unfreiheit, gegen das Elend, die Lieblosigkeit.

Was hat dies mit Gott zu tun?

Es hat auf jeden Fall etwas mit dem christlichen Gott zu tun, von dem wir wissen, dass er sich genau dies zum Ziel gesetzt hat, dass dies die Botschaft des Evangeliums ist, dass Jesus eine neue Welt verkündet hat, in der die Liebe das oberste Gebot sein soll.

Aber das stellt sich ja nicht von selber ein.

Ganz richtig. Und deswegen haben schon im Alten Testament die Propheten gegen die Ungerechtigkeit gekämpft. Eine solche Einstellung, die das Böse und das Schlechte überwindet, gibt eine unglaubliche Hoffnung. Wir können das Leid zwar nicht beseitigen, aber wir können daran arbeiten, dass es immer weniger wird, dass die Ungerechtigkeit immer weniger wird, dass der Mensch seinen Verstand nicht dazu verwendet, um immer neue Waffen zu erfinden, sondern bessere Medikamente. Dass durch die Naturwissenschaften der Schmerz überwunden werden kann, dass durch die Gentechnologie Krankheiten verhindert werden, die bisher die Plage der Menschheit waren, wie zum Beispiel der Krebs.

Da ist schon was dran. Durch die Erfindungen im 19. und 20. Jahrhundert sind die Infektionskrankheiten einschließlich der Tuberkulose praktisch beseitigt worden.

Das heißt: Die Geschichte der Menschheit ist eben auch eine unglaubliche Erfolgsstory in der Überwindung des Leides.

Aber wie willst du in Zukunft die Unfälle verhindern, zum Beispiel tragische Autounfälle?

Unfälle wird man nie ganz verhindern können, aber man kann ihre Zahl deutlich verringern, zum Beispiel durch Verkehrsleitsysteme, Geschwindigkeitsbegrenzungen, noch sicherere Autos, durch Leitplanken, getrennte Fahrbahnen auf allen Straßen, um nur wenige Vorschläge zu nennen. Mit Gott hat diese Problematik eigentlich immer weniger zu tun, da man Gott nicht für Fehler der Menschen verantwortlich machen darf.

Aber Leid und Unrecht haben auch etwas mit Macht zu tun, weil oft diejenigen, die Macht haben, alles ihrer Macht unterordnen und die Menschen ausbeuten und verhungern lassen.

Deswegen ist der Kampf gegen ungerechte Macht eine der wichtigsten Aufgaben bei der Überwindung des Bösen in der Welt. Man braucht ja nur das Evangelium zu lesen, und dann weiß man, was los ist.

Kannst du mal ein Beispiel bringen?

Ich wollte eigentlich erst später etwas von Jesus erzählen, aber wir können jetzt schon einmal damit anfangen. Die Botschaft von Jesus war für die Machthaber, für die Reichen und die Mächtigen ein Ärgernis, eine Herausforderung. Er stellte die Herrschaftsstrukturen in Frage. Ich lese euch mal etwas aus der Bibel vor: «Ihr wisst, dass diejenigen, die als Herrscher der Völker gelten, ihre Völker unterdrücken und dass ihre Großen sie vergewaltigen. Bei euch darf es nicht so sein. Wer unter euch groß sein will, soll euer Diener sein. Und wer unter euch der Erste sein will, soll der Knecht aller sein.»

Hat das Jesus gesagt? Dann ist das aber doch bis auf den heutigen Tag eine Riesenherausforderung und etwas, was noch längst nicht Realität geworden ist.

Es wäre gut, wenn die christlichen Kirchen das begriffen, weil da keine Exegese hilft, keine Auslegung. Denn was Jesus gesagt hat, ist die radikale politische Alternative zu einer Welt voller Machtgier, Brutalität und Egoismus. Er verkündete eine Welt, in der die Armen, Sanftmütigen und Verfolgten seelig gepriesen werden, die Feindschaft abgeschafft, der Mammon entwertet und der Fremde gleichen Rang hat mit den Einheimischen. Das heißt eine Botschaft, die das Gegenstück ist zu einer Welt der Ausbeutung und Ausgrenzung, der Obrigkeiten, des Kadavergehorsams, des Polizeistaats.

Dann ist die christliche Botschaft ja geradezu eine Revolution.

Das haben wir schon am ersten Tag unserer Diskussion festgestellt. Es soll eine neue Welt geben, und zwar durch eine Veränderung der bestehenden. Das heißt, die christliche Religion hat auch eine politische Dimension, und sie muss, wenn man sie ernst nimmt, gerade wegen dieser Botschaft ständig in einen Konflikt geraten mit der jetzigen Welt. Und damit auch in Konflikt mit Ungerechtigkeit, Bosheit, Ausbeutung, Armut, Vertreibung.

Wir müssen das noch einmal festhalten: Deine Antwort auf das Problem des Leides und des Bösen besteht also darin, dass du sagst, die Menschen hätten die Aufgabe, mit Hilfe der Naturwissenschaften, aber auch mit den Mitteln der Politik das Leid, die Krankheiten, aber auch die Ungerechtigkeiten immer weiter zurückzudrängen, um im kosmologischen Prozess schon auf dieser Erde möglichst nahe an eine vollendete Welt heranzukommen.

Ich sehe keine andere Lösung. Und es sind nicht nur Christen, die diese Auffassung vertreten. Dies war ja auch der richtige Kern des Sozialismus.

Jetzt müssen wir noch einmal mit der alten Frage kommen: Dann kann dies also auch geschehen und durchgesetzt werden, ohne dass man an Gott glaubt?

Gut, noch einmal: Wir haben gerade am Beispiel des Marxismus erlebt, dass eine ursprünglich gute Idee zu einer Perversität geworden ist.

Warum glaubst du, dass der Sozialismus, der ja ein gutes Ziel hatte, gescheitert ist?

Ich glaube, das hat etwas mit Gott zu tun. Denn der Marxismus hatte ja gleichzeitig eine klare Aussage über Gott, nämlich, dass es ihn nicht gibt. Und infolgedessen hatte er eine Orientierung nur noch an sich selber und hat keine Instanz über sich anerkannt, was letztendlich dazu führte, dass die Menschen, die den Marxismus vertreten haben – auf Deutsch gesagt, die Menschen, die sich dann in einer Partei, nämlich der kommunistischen Partei, zusammengeschlossen haben –, die Partei selber zum Gott gemacht haben und das, was die Partei sagte, verabsolutierten. Es gab ja das Lied in der ehemaligen DDR: «Die Partei, die Partei, die hat immer Recht.»

Und du meinst, wenn diese Marxisten und Sozialisten an Gott geglaubt hätten, dann hätte es diese Fehlentwicklung nicht gegeben?

Das weiß ich nicht mit absoluter Sicherheit. Doch es spricht vieles dafür.

Aber auch im Namen Gottes sind die fürchterlichsten Verbrechen begangen worden.

Aber der Unterschied besteht darin, dass das Evangelium eine klare Aussage macht, wie die Menschen sich untereinander verhalten sollen und welche Regeln sie einhalten sollen, sodass alle, die sich Christen nannten und nennen –

Päpste, Kreuzritter, Bundeskanzler, Medienzare –, zumindest ein schlechtes Gewissen haben mussten, wenn sie gegen diese gottgewollte Ordnung verstießen, während viele Kommunisten ein solches schlechtes Gewissen nie haben mussten, weil sie sich immer in Übereinstimmung fanden mit dem, was die Partei für richtig gehalten hat.

Man muss also aufpassen, dass die Moral, also das Eintreten für Gerechtigkeit oder für Freiheit, nicht missbraucht wird dadurch, dass sie zu einer Moral der jeweils Herrschenden wird, sondern dass sie die Moral Gottes bleibt?

Ja, wir stoßen immer wieder auf dasselbe Problem, warum zum Beispiel Liebe besser sein soll als Hass. Warum soll jemand nicht hassen, wenn er dadurch Vorteile erhält? Warum soll der Krieg nicht so gut oder so schlecht sein wie der Frieden? Je nach Interessenstandpunkt? Die Freiheit so gut oder so schlecht wie die Unterdrückung zum Beispiel aus der Sicht einer Bevölkerungsgruppe, die in einem Staat die Mehrheit hat? Man kann sogar noch weiter gehen. Wie soll man verhindern, dass sich auch in einer Demokratie eine Mehrheit von Abgeordneten zusammenfindet, die etwas Böses beschließen? Wie soll auch in einer Demokratie verhindert werden, dass Ausländer, Sinti und Roma und Juden, einfach Leute, die anders sind, diskriminiert werden, und zwar sogar gesetzlich diskriminiert werden? Mit den Gesetzen der Logik jedenfalls können solche Dinge nicht verhindert werden.

Du meinst also, dass Verbindlichkeit von Werten und Zielen, die das Böse, das Leiden, das Unrecht überwinden sollen, nur möglich ist, wenn sie nicht abhängig gemacht werden von Mehrheitsentscheidungen der Menschen oder von der Willkür einzelner Menschen, die gerade die Macht haben, sondern wenn eine Instanz anerkannt wird, die den Menschen und ihren Entscheidungen vorgegeben ist, nämlich Gott.

Das habt ihr genau erfasst. Und so haben es ja auch die Propheten des alten Bundes gesehen. Auch sie schützten die Unterdrückten vor Ausbeutung, die Hilflosen vor der Willkür, die Unwissenden vor der Übervorteilung. Jesus hat dann diesen Einsatz zur Überwindung des Bösen bis zur Vollendung gebracht.

Er ist ja selber das Opfer einer bösen Gewalt geworden.
Das Evangelium hat jedenfalls unser Problem des Leides und der Ungerechtigkeit auf dieser Erde voll erkannt und gibt auch eine Antwort: Dieser Gott, über den wir nun schon eine Zeit lang reden, ist Mensch geworden und hat in seiner Person alles Leid und jeden Schmerz, den ein Mensch erleiden kann, selber erfahren müssen: Er ist nach einem Scheinprozess zehn Stunden lang brutal gefoltert worden, bis er am Kreuz im wahrsten Sinne des Wortes verendet ist.

Das Leid auf der Erde ist doch dadurch nicht geringer geworden.
Aber dieser Gott ist nicht mehr der kalte, Angst machende, allmächtige, teilnahmslose Gott, der die Menschen ihrem Schicksal überlässt, sondern ein Gott, der sich mit den Menschen solidarisiert hat, der mit betroffen ist, der ganz auf ihrer Seite steht. Gegen einen über der Welt thronenden Gott kann, ja muss ich sogar revoltieren, aber nicht gegen diesen christlichen Gott, der alles mitgemacht hat.

Das müssen wir zugeben. Wenn man an diesen Jesus glauben kann, kann auch der Glaube an Gott einen Sinn machen.
Das finde ich auch. Aber es ist wie bei eurem Gleitschirmfliegen: Den Absprung muss man selber wagen. Aber der Abgrund, den man überfliegen muss, bleibt: die Frage, warum gerade eine solche Welt?

Also ist an Gott glauben eine Vertrauenssache?
Nicht nur. Nichts zwingt uns zu einem solchen Glauben. Aber es ist nicht unvernünftig zu glauben, dass ein Gott existiert und die Welt und die Existenz des Menschen da-

durch einen Sinn bekommen können, und es macht vor allem einen Sinn, an Jesus zu glauben. Ich persönlich habe auch noch einen anderen Grund, warum ich das Sinnlose der Welt nicht akzeptieren will.

Richtig. Das hast du uns ganz am Anfang versprochen.

Ihr seid fast alle gute Musiker, und ihr wisst, dass es schlechte Musik und gute Musik gibt. Aber es gibt auch Musik, die ist so vollendet, so absolut, dass sie kein Engel, kein Gott hätte schöner komponieren können.

Denkst du da vielleicht an die Aria in den Goldberg-Variationen?

Ja, mit Sicherheit, aber auch an das g-Moll-Streichquintett von Mozart oder das Allegretto, den letzten Satz in der Sturmsonate von Beethoven, wisst ihr, dieses musikalische Perpetuum mobile, wo man eigentlich nicht aufhören kann zuzuhören.

Ich glaube, wir wissen, was du denkst: Diese Musik kann nicht wieder im Nichts verschwinden, meinst du das?

Ja, der Gedanke, dass es für diese unendlich vollkommene Musik einmal das unendliche Nichts, den unendlichen Tod geben könnte, ist zu sinnlos und zu absurd, als dass er wahr sein könnte. Stimmt ihr dem zu? Seht ihr das auch so?

Und wie!

Siebtes Gespräch
Über Ideale, Vorbilder und den Menschen Jesus

Wir finden, wir sollten uns noch ein bisschen über Jesus unterhalten. Das war offensichtlich ein ganz unglaublicher Mensch.

Selbst wenn man nach wie vor an Gott zweifelt, müsste einen eigentlich die Botschaft überzeugen, die Jesus im Neuen Testament verkündet hat. Es ist eine schöne und gute Botschaft, die die Welt schon verändert hat und weiter zum Guten verändern könnte, wenn nur alle diese Botschaft zur Kenntnis und ernst nähmen oder wenn die Christen selber sich an diese Botschaft hielten. Es kann einem richtig das Herz aufgehen, wenn man liest, was Jesus gesagt und getan hat. Und das, was er gesagt und getan hat, ist so schön und so gut für die Menschen, dass man im Gegensatz zu der Skepsis, die man der Existenz Gottes immer wieder entgegenbringen muss, sich eigentlich wünschen würde, dass Jesus tatsächlich Gott ist und das, was er verkündet, auch als Glaube von möglichst vielen Menschen angenommen wird.

Unser Lehrer sagt, er sei Atheist, redet aber in den höchsten Tönen von Jesus. Wie passt das zusammen?

Weil Jesus als Mensch eine große Faszination ausübt und auf der anderen Seite viele die Zweifel an Gott, über die wir ausführlich geredet haben, nicht überwinden können und außerdem die Geschichte bis in die Gegenwart gezeigt hat, dass im Namen Gottes schwere Fehler, ja sogar Verbrechen begangen wurden, zum Beispiel an den Indios in Südamerika oder den Juden in Europa.

Ist das nicht eine Riesenschande für das Christentum?

Das kann man wohl sagen. Aber diese Leute waren in Wirklichkeit keine Christen. Sie haben sich nur zum Schein auf Jesus berufen. In Wirklichkeit haben sie ihn verraten und ihn für ihre eigenen Zwecke missbraucht. Wer sich Christ nennt oder wer sich auf Jesus beruft, der muss sich in seinen Worten und Taten eben an dem messen lassen, was Jesus gesagt hat.

Aber wir haben Bilder gesehen, auf denen Priester und Richter mit dem Kreuz in der Hand andere Menschen, zum Beispiel angebliche Hexen, verbrannt haben oder wo Menschen gefoltert worden sind und auf den Tischen in den Folterkellern ein Kruzifix stand und links und rechts davon die Kerzen brannten. Das ist doch ganz schauerlich, was da alles gemacht worden ist.

Das sind ganz schwere Verirrungen, und Jesus wäre der Erste gewesen, der solche Schandtaten verurteilt hätte. Es hat nun eben in der langen Zeit der letzten zwei Jahrtausende Gangster gegeben, richtige Politgangster, die ihre Verbrechen im Namen Gottes begangen haben. Das waren die Kreuzfahrer, die Großinquisitoren, die Hexenverbrenner. Und zum Beispiel gibt es im Islam bis heute auch Terroristen und Mullahs, die Ehebrecherinnen bis über die Hüfte in den Sand eingraben und steinigen lassen oder mit Bulldozern platt machen. Sie alle berufen sich auf Gott, aber sie missbrauchen Gott, um ihre Schandtaten besser rechtfertigen zu können.

Und wie ist das heute bei uns in Europa oder in Deutschland, wo es auch Politiker gibt, die zum Beispiel einer Partei angehören, die Christlich Demokratische Union heißt und das Christliche sogar in ihrem Namen trägt, und trotzdem handeln diese Politiker nicht so, wie sie es eigentlich tun müssten? Sie lügen, sie schieben kranke Asylbewerber ab und bezeichnen Sozialhilfeempfänger als Faulenzer. Glaubst du vielleicht, dass sich dies in Übereinstimmung befindet mit deinem Jesus?

Nein, natürlich nicht. Es ist ein Skandal, dass Politiker, aber auch Medienzare, den Namen Gottes ständig im Mund führen und sogar in ihre Programme hineinschreiben, in Wirklichkeit aber mit Gott überhaupt nichts im Sinn haben. Solche Leute hat schon Jesus gekannt. Auch damals gab es Schriftgelehrte und Politiker, von denen Jesus gesagt hat, man solle sich nicht nach ihnen richten: «... denn sie redeten zwar, handelten aber nicht danach.»

Sollte die CDU dann nicht besser das C aus ihrem Namen streichen?

Ich bin dafür, dass es beim C im Namen dieser Partei bleibt. Dieser Stachel muss drinbleiben und der damit verbundene Anspruch, auch wenn er oft nicht erfüllt wird. Die Messlatte liegt hoch, und sie wird oft gerissen. Aber wenn der Anspruch nicht bliebe, gäbe es auch keine Anstrengung mehr, dem Anspruch gerecht zu werden. Es ist wie im Gebirge. Der Mont Blanc ist mit 4800 Meter der höchste Berg der Alpen. Er leuchtet mit seiner weißen Kuppel in die Täler von Chamonix und Aosta. Viele kommen auf 3000 Meter, auch auf 4000 Meter. Nicht wenige erreichen auch den Gipfel. Manche wiederum stürzen ab. Aber niemand käme auf die Idee, deshalb den Berg in die Luft zu sprengen. Die Ereignisse des 20. Jahrhunderts haben doch klar gemacht, dass es moderne Politik nicht geben kann, wenn nicht die mit ihr zusammenhängenden ethischen Fragen beantwortet werden. Dies ist ein wichtiger Grund, warum die CDU bei ihrem C bleiben muss, unabhängig davon, ob sie die Sprunglatte reißt oder ob es in Hamburg 45 oder 75 Prozent Christen gibt, auch unabhängig davon, wie viele Leute sonntags in die Kirche gehen.

Trotzdem, gerade vorbildlich ist das nicht.

Wenn ihr Vorbilder sucht, dann könnt ihr sie nicht immer unter den Politikern finden, sondern in Jesus und den Menschen, die ihm nachgefolgt sind oder die sich einfach so verhalten haben, dass es Jesus gefallen hätte. Das waren zum Beispiel viele Menschen in Israel, aber auch griechische Philosophen wie Sokrates, von dem wir schon geredet haben, und selbstverständlich auch die Jünger Jesu oder in anderen Religionen Brahmanen, buddhistische Mönche, zum Beispiel auch ein Staatsmann wie Thomas Morus, der wegen seiner Standhaftigkeit und wegen seiner Glaubenstreue von dem englischen König Heinrich VIII. hingerichtet worden ist. Und es gibt viele Priester und Nonnen, Blutzeugen in den Konzentrationslagern, die ihr Leben geopfert haben und die so wie Jesus den Schwächeren und den Armen zur Seite stehen.

Was glaubst du, warum diese vielen Menschen sich an Jesus orientiert haben und große Opfer auf sich genommen haben, ja sogar bereit waren, für ihren Glauben in den Tod zu gehen?

Jesus war einer wie sie. Im Evangelium begegnen uns Handwerker, Fischer, Soldaten, Zöllner, Dirnen – einfache Leute aus den unteren Schichten. Sie spielen eine beherrschende Rolle. Dazu kommen Arme, Kranke, Niedrige, die zu den Adressaten des Evangeliums gehören. Milliarden Menschen haben an Jesus geglaubt, mit dem sie sich identifizieren konnten, und Millionen haben wegen dieses Glaubens ihre Gesundheit und ihr Leben verloren. Alle, die wegen ihres Geschlechts unterdrückt werden, wegen ihrer Rasse, ihrer Zugehörigkeit zu einem Volk diskriminiert, gefoltert und getötet werden oder in Armut leben, in Sklaverei und ohne Arbeit, sie tun sich mit Jesus leicht, denn Jesus hat gelebt und musste leben wie sie auch. Er stand immer an der Seite der kleinen Leute und hat ihnen geholfen. Schließlich ist er sogar als angeblicher Verbrecher zu Tode gefoltert worden, am Kreuz gestorben. Über seine revolutionäre Botschaft haben wir schon mehrfach gesprochen. Sie passt einfach nicht in die Gedankenwelt der Börsianer, mancher Präsidien von

Fußballvereinen und vieler Parteimitglieder, in der Erfolg, Dividende, Konsum, Rang und Titel die Leitbilder geworden sind.

Da wirkt Jesus ziemlich fremd und deplatziert, wenn wir das einmal so sagen dürfen.

Jesus stellt auch heute die in der Gesellschaft gültigen Werte und Maßstäbe ziemlich auf den Kopf und würde harte Fragen stellen: Darf das Kapital die Welt regieren, über Leichen gehen? Gibt es Werte jenseits von Angebot und Nachfrage? Welche Verpflichtungen sind mit dem Eigentum verbunden? Wie steht es um die Frauenrechte? Wie ist unsere Haltung zu Fremden und Ausländern? Diese Fragen darf man nicht verschweigen.

Jesus hatte das damals völlig anders gemacht. Ich habe euch ja schon erzählt, dass die Menschenscharen, als sie seine Reden hörten, außer sich gerieten, das heißt, die Leute sind fast verrückt geworden, als sie die Botschaft Jesu gehört haben.

Jetzt musst du uns aber endlich sagen, was denn diese Botschaft gewesen ist, die die Leute so aufgeregt hat.

So vor dreißig Jahren gab es die so genannten Spontis. Das waren so eine Art Revolutionäre, die mit der damaligen Gesellschaft in Deutschland oder auch in Frankreich nicht einverstanden gewesen sind. Zu ihnen gehörte zum Beispiel ein Mann, den ihr sicher alle kennt oder von dem ihr schon etwas gehört habt, nämlich der Außenminister Joschka Fischer oder auch der Europaabgeordnete Daniel Cohn-Bendit. Diese Spontis, die für damalige Zeiten ziemlich revolutionäre Ideen hatten, waren gleichzeitig auch berühmt für ihre Sprüche, und diese Sprüche wurden inzwischen gesammelt und vom Eichborn Verlag herausgegeben.

Was hat das nun mit der Botschaft von Jesus zu tun, von der du uns erzählen wolltest?

Das kommt gleich. Ich wollte nämlich gerade sagen, dass ich

in einem dieser Büchlein mit dem Titel «Lieber intim als in petto» ein paar Sprüche gefunden habe. Ein Spruch lautete zum Beispiel: «Wer tagelang ohne Getränke auskommt, ist ein Kamel.» – Das könnten auch die Winzer in der Südpfalz sagen – und ein anderer Spruch: «Wer nachts in einem Flussbett pennt, am Morgen nass nach Hause rennt.» Zwischen diesen beiden Sprüchen habe ich einen weiteren Spruch gefunden, der lautete: «Wer seinen Bruder nicht liebt, den er sieht, wie kann er Gott lieben, den er nicht sieht?» Und diese Erleuchtung stammt nicht von dem jüngeren Joschka Fischer, sondern steht in der Bibel. Und sie sagt uns genau das, was die Botschaft von Jesus bedeutet. Auf die Frage nach dem wichtigsten Gebot, nach der bedeutendsten Aufgabe eines Menschen hat Jesus nämlich gesagt, du sollst Gott lieben, mit ganzem Herzen und mit ganzer Seele. Dies sei das erste Gebot. Aber ebenso wichtig sei das zweite: Du sollst deinen Nächsten lieben wie dich selbst. Jesus hat diese beiden Gebote als eine Einheit angesehen, und diese Botschaft zieht sich wie ein roter Faden durch das ganze Evangelium. Und er sagte: Kein anderes Gebot ist größer als diese beiden.

Aber diese Gebote sind ziemlich sinnlos, wenn man gar nicht weiß, wo Gott ist und wer der Nächste ist?
Ich glaube, dass auch für jemanden, der nicht an Gott glaubt, das Gebot der Nächstenliebe einen Sinn machen kann.
Aber wer ist der Nächste?
Das wurde Jesus auch gefragt, von einem Gesetzeslehrer. Und da erzählte ihm Jesus von einem jüdischen Mann, der auf dem Wege nach Jericho überfallen und ausgeraubt und halb totgeschlagen wurde. Er blieb am Straßenrand liegen. Es kamen eine Reihe von Leuten vorbei, unter anderem ein jüdischer Priester und auch ein jüdischer Hilfspriester, ein Levit, beide schauten weg und liefen weiter. Als Nächster kam ein Samariter. Als der den Verletzten sah, ging er zu

ihm hin, verband seine Wunden und brachte ihn auf seinem Pferd in das nächste Hotel und sorgte für einen Arzt. Außerdem bezahlte er für den Verwundeten die Hotelkosten. Dazu muss man wissen, dass die Samariter in der damaligen Zeit in den Augen der Juden Fremde waren, die außerdem mit dem jüdischen Volk verfeindet gewesen sind. Und Jesus fragte den Gesetzeslehrer, was glaubst du wohl, wer von ihnen seinen Nächsten geliebt hat?

Jesus sagt also, dass man sogar seine Gegner und seine Feinde lieben soll. Aber das ist doch glatter Wahnsinn – und dann beinahe selbstmörderisch, wenn man angegriffen wird.

O nein, so verrückt ist das gar nicht. Überlegt mal, ob es denn nicht vernünftig ist, auch die Interessen des Gegners im Auge zu haben? Ist es für Deutschland mit seinen vielen Nachbarstaaten nicht viel besser, in der Außenpolitik neben den eigenen Interessen gleichzeitig immer auch die Interessen der Nachbarn mit zu berücksichtigen? Der letzte Weltkrieg und der vorletzte Weltkrieg sind doch vor allem dadurch entstanden, dass die deutschen Politiker immer nur an ihre nationalen Interessen gedacht haben und nicht daran, wie es den Völkern um uns herum geht. Manchmal benehmen sich die Außenpolitiker wie Tiere, als ob sie den Verstand verloren hätten. Schon vor ein paar Tagen haben wir miteinander diskutiert, dass Menschen eigentlich keine Hunde und Löwen sind, die andere einfach wegbeißen dürfen.

Können wir noch einmal zurückkehren zu dieser Feindesliebe? Die interessiert uns ganz besonders, weil sie nämlich fast das Unerhörteste und Revolutionärste ist, was wir bisher von der Botschaft von Jesus gehört haben.

Ich glaube, man muss, um dies zu kapieren, einfach mal mit der Geschichte der Menschen anfangen, die sich ja, was das Verhältnis zueinander anbelangt, auf einem langen Weg befinden. Am Anfang war es der Kampf aller gegen alle, oder es galt ganz einfach das Faustrecht. Hass und Diskriminierung waren schon immer eine der Hauptursachen für Krieg, Mord und Totschlag. Das Gebot der Feindesliebe will zunächst ganz einfach dem brutalen Gegeneinander der Menschen ein Ende machen.

Gut, aber die meisten Leute leben ziemlich gleichgültig nebeneinander. Von Liebe ist da keine Spur zu sehen.

Jetzt gehen wir mal einen Schritt weiter. Liebe hat etwas mit Frieden zu tun. Wenn die Menschen sich hassen, dann ist kein Friede vorhanden. Man darf den Frieden nicht verwechseln mit dem Schweigen der Waffen. Friedhofsfriede ist auch ein Friede. Aber er kann nicht gemeint sein, sondern es muss ein Friede sein, der auf der gegenseitigen Anerkennung der Menschenwürde des anderen aufbaut. Gehen wir noch einmal zurück in die Zeit, in der Jesus gelebt hat. Damals herrschten die Römer über Israel und auch viele andere Völker. Damals wurde der Begriff «Pax romana» geprägt. Dieser «römische Friede» war aber gar kein richtiger Friede, sondern nur eine militärisch gesicherte Unterdrückungsordnung der Römer gegenüber den unterworfenen Völkern. Der Friede im Sinne der Bibel umfasst viel mehr und geht weit darüber hinaus. Ihr habt sicher schon gehört, dass die Juden von Schalom sprechen. Schalom ist der biblische Friede. Und dieser Friede umfasst Friede und Gerechtigkeit: beides. Ohne Gerechtigkeit gibt es keinen Frieden. Und ich finde, so etwas ist eben keine Utopie, sondern ganz einfach auch vernünftig.

Aber sag mal, kann man denn die Menschen lieben, die Verbrechen begehen, die, sagen wir, dem Paul, der Hannah und der Merle und der Helena etwas Böses antun? Ist das nicht einfach Utopie und Illusion?

Ich glaube, das Gebot der Nächstenliebe und auch der Feindesliebe hat ziemlich wenig zu tun mit Sympathie und Ge-

fühlsduselei. Der Apostel Paulus hat an die Christenge-
meinde in Rom einmal einen Brief geschrieben und hat den
damaligen Christen, die mit dieser Feindesliebe auch ihre
Schwierigkeiten hatten, gesagt, sie sollten sich nicht vom
Bösen besiegen lassen, sondern umgekehrt das Böse durch
das Gute überwinden. Und jetzt müssen wir noch einen
Schritt weitergehen. Das Gute, mit dem wir das Böse überwinden sollen, kann auch im Widerstand bestehen. Verzicht auf Gewalt ist nicht identisch mit Verzicht darauf,
sich zu wehren. Jesus kann den Friedhofsfrieden nicht
gemeint haben, der dazu führt, dass Gewalttäter trium-
phieren.

**Sogar viele Pazifisten waren für den Einsatz der Bundes-
wehr im Kosovo.**

Es ist ja auch richtig: Der Bürgerkrieg in Bosnien-Herzegowina in den neunziger Jahren wäre nicht ausgebrochen,
wenn die NATO rechtzeitig in Südosteuropa eingegriffen
hätte. Und andererseits, wenn wir in der Geschichte noch
weiter zurückgehen: Hitler konnte seinen Krieg, entgegen
den Ratschlägen des eigenen Generalstabs, nur beginnen,
weil die westlichen Demokratien die Gefahr des Nationalsozialismus und der Aufrüstung der Nazis missachteten, anstatt durch «Nachrüstung» Widerstand zu leisten, der den
Ausbruch des Zweiten Weltkriegs vielleicht verhindert
hätte.

**Du willst also sagen, dass die Liebe nicht einfach darin be-
steht, alles zu akzeptieren und hinzunehmen, was andere
Menschen einem zumuten oder sogar antun?**

Genau das meine ich. Ich meine, dass der Friede als das
wichtigste Ergebnis der Liebe untereinander eben nicht nur
das Ergebnis der Liebe allein ist, sondern auch das Ergebnis
von Güte und Gerechtigkeit. Das bedeutet Schalom in der
Bibel. Ich wiederhole es: Es gibt eben keinen Frieden ohne
Gerechtigkeit.

Vielleicht sollte man auch schon im Vorfeld die Gegensätze abbauen.

Richtig. Gestern haben wir in einem anderen Zusammenhang über die Strategie der Abschreckung geredet. Das französische Wort für Abschreckung zeigt, um was es geht, nämlich um Dissuasion, was schwierig, aber treffend übersetzt werden kann mit Abratung. Also dem anderen soll abgeraten werden, überhaupt Gewalt anzuwenden.

Meinst du, dass deswegen ein dritter Weltkrieg verhindert worden ist? Dann wäre dies ja das Ergebnis von biblischen Gedanken gewesen.

Ich glaube, dass das gar nicht so weit hergeholt ist. Alle, denen Jesus in Palästina begegnet ist, tauchten in anderen Gestalten auch in der Zeit des «Kalten Krieges» wieder auf: zum Beispiel die sowjetischen Bedroher und Unterdrücker, das waren die Römer von damals; der amerikanische Präsident Ronald Reagan und einige Verrückte im Pentagon und in Brüssel, die das Schwert nicht in der Scheide lassen, sondern mit ihm schlagen wollten, das waren die Zeloten im damaligen Israel, die bereit waren, Streit zu machen um jeden Preis. Aber auch die Kleinmütigen und Ängstlichen gab es nicht nur zu der Zeit von Jesus, sondern auch heute, nämlich diejenigen, die in der Krise davonlaufen wie die Apostel und wie manche Fundis. In dieser Situation hat Jesus von der Feindesliebe und vom Frieden gesprochen. Man muss beides immer zusammen sehen.

Kannst du noch einmal den Satz von Jesus erklären, dass man sich nicht nur einmal, sondern gleich zweimal ins Gesicht schlagen lassen soll? Das ist doch ziemlich haarsträubend.

Ich hab euch schon vor ein paar Tagen gesagt, wie ich das verstehe: als wortlosen Appell an die Menschlichkeit des Gegners, die möglicherweise noch vorhanden ist. Die moderne Aggressionsforschung hat gerade bewiesen, dass diese Entfeindung – der Abbau von Spannungen – ganz wichtig ist, um das Andauern von Gewalt zu verhindern. Das wird zwar nicht immer gehen, aber wenn es geht, wie mit Gandhi in Indien, Martin Luther King in den USA, den Runden Tischen in der DDR, Solidarność in Polen oder den Dissidenten in der Sowjetunion, dann ist das natürlich besser.

Aber man kann doch nicht immer nachgeben. Es heißt, der Klügere gibt nach. Aber dann setzen sich die Dümmeren durch.

Das ist ja auch eines der blödesten Sprichwörter. Wichtig ist, dass die Leute aufeinander hören, aufeinander zugehen und versuchen, den Standpunkt des anderen zu verstehen. Jesus hat zum Beispiel den Juden gesagt, wenn sie gezwungen würden, mit jemandem eine Meile zu gehen, dann sollten sie gleich zwei Meilen mitmarschieren.

Das klingt schon wieder ein bisschen aberwitzig.

Man kann diese Geschichte nur verstehen, wenn man weiß, dass die Römer als Besatzungsmacht das Recht hatten, und zwar der einzelne römische Soldat, einen Juden zu zwingen, ihm eine Meile das Gepäck zu tragen. Und nun sagt Jesus, wenn das einer tut, dann sag zu ihm, ich trag dir das Gepäck nicht nur eine Meile, sondern zwei Meilen.

Was soll denn das für einen Sinn haben?

Die moderne Aggressionsforschung hätte kein besseres Beispiel finden können. Denn Jesus geht davon aus, dass der Römer völlig überrumpelt und verunsichert wird, wenn der Jude sagt, ich gehe sogar zwei Meilen mit, und sich natürlich Gedanken macht, warum der Jude das wohl tut. Und Jesus geht – völlig zu Recht – davon aus, dass das Verhältnis der beiden am Ende der zweiten Meile ein anderes ist als am Anfang. Das heißt, die reden nicht nur miteinander, sondern haben vielleicht sogar Verständnis füreinander, laden sich dann später gegenseitig ein, kommen weiter ins Gespräch, und so werden möglicherweise aus Gegnern und Feinden eines Tages Freunde.

Aha, jetzt kann man auch verstehen, warum die Leute, die seine Reden gehört haben, damals außer sich gewesen sind. – So etwas hatte ihnen noch keiner gesagt. Aber haben da nicht auch welche gedacht, der hat ein Rad ab?

Viele waren geradezu wütend, vor allem diejenigen, die an der Macht waren, zum Beispiel die Sadduzäer und die Pharisäer, die Schriftgelehrten. Denn mit ihnen hat sich Jesus immer wieder angelegt. Auch deshalb ist sein Leben so spannend.

Aber hat Jesus nicht gesagt, mein Reich ist nicht von dieser Welt? Ist es überhaupt eine Botschaft, die sich in dieser Welt realisieren lässt?

Es gibt einen berühmten Bibelforscher, einen jüdischen Bibelforscher, Pinchas Lapide. Und der hat nachgewiesen, dass dieser Satz, «Mein Reich ist nicht von dieser Welt», eine der vielen falschen Übersetzungen darstellt, die wir leider Gottes auch in der deutschen Bibel haben. Und auf diese falsche Übersetzung berufen sich alle, die das Christentum entpolitisieren wollen. So hat zum Beispiel Martin Luther die Lehre von den zwei voneinander getrennten Reichen verkündet. Pinchas Lapide sagt aber, dass rückübersetzt auf Aramäisch dieser Satz genau das Gegenteil bedeutet, nämlich: «Mein Königtum ist himmlischen Ursprungs und göttlicher Herkunft» – die klarste Antithese zu den im Römischen Kaiserreich herrschenden selbst ernannten menschlichen Göttern.

Aber das war doch dann eine gewaltige Herausforderung an die Adresse des Kaisers.

Das war eine mit Sprengstoff geladene Botschaft in den Ohren der Römer und der mit ihnen verbündeten Sadduzäer und ist bis heute eine mit Sprengstoff geladene Botschaft an die Adresse aller Gewaltherrscher und Diktatoren dieser Erde. Der Dichter Heinrich Heine hat einmal geschrieben, das Evangelium sei eben nicht «das Entsagungslied, das Eiapopeia vom Himmel», sondern etwas ganz anderes. Ich darf euch diesen schönen Text aus dem Wintermärchen einmal vorlesen:

> «Ich kenne die Weise, ich kenne den Text,
> ich kenn auch die Herren Verfasser.
> Ich weiß, sie tranken heimlich Wein
> und predigten öffentlich Wasser.
> Ein neues Lied, ein bessres Lied,
> ihr Freunde, will ich euch dichten.
> Wir wollen hier auf Erden schon,
> das Himmelreich errichten.»

Aber das geht doch nicht von heute auf morgen. Das wird sicher ein ziemlich langer Weg sein, bis die Menschen das erreicht haben.

Das ist ganz klar, aber ihr erinnert euch, was ich über die Überwindung des Bösen und des Leides im kosmologischen Prozess gesagt habe. Natürlich gibt es dagegen viele Widerstände, vor allem von denjenigen, die glauben, sie hätten als Stärkere das Recht, über andere zu herrschen. Der uns schon vertraute Friedrich Nietzsche hat das genau kapiert und deswegen das Christentum als einen «Sklavenaufstand der Moral» bezeichnet. Damit liegt er ziemlich richtig. Er sagte nämlich, die Gleichung, dass die Aristokraten, die Herrschenden, gleichzeitig auch die Guten und die Vornehmen, die Mächtigen auch gleichzeitig die Schönen und die Glücklichen seien, diese Gleichung werde durch Jesus direkt umgekehrt. Jesus behaupte nämlich, dass die Elenden die eigentlich Guten seien, die Armen, die Ohnmächtigen, die Niedrigen seien die besseren Leute, die Leidenden, Entbehrenden, Kranken, Hässlichen, die stünden Gott näher, und für diese gebe es die Seligkeit.

Also das ist uns jedenfalls klar geworden, dass diese Botschaft auch heute noch ein echter Schocker wäre, wenn die Christen sie ernst nähmen.

Ihr seid jung genug, dann macht ihr doch mal die christliche Revolution.

Vorher wollen wir noch ein paar Sachen wissen. Wir haben nämlich eine neue Mitschülerin, die heißt Anna, kommt aus Bayern und hat neulich gefragt, warum habt ihr in Rheinland-Pfalz in den Schulzimmern keine Kreuze? In Bayern hängen in den Schulzimmern Kreuze, und diese Kreuze wurden auch von der bayerischen Regierung durchgesetzt, obwohl das Bundesverfassungsgericht sie verboten hatte. Und Anna erzählte auch, ihre Lehrer hätten immer gesagt, wenn das Kreuz aus dem Schulzimmer herauskäme, dann lebten wir nicht mehr in einer christlichen Gesellschaft.

Ich persönlich hätte nichts gegen Kreuze in den Schulzimmern, obwohl man schon die Frage stellen kann, ob es zum Beispiel einem muslimischen Kind oder einem Hindukind, das bei uns in die Schule geht, recht ist, wenn an der Wand das Zeichen einer anderen Religion hängt. Es müssen ja alle in die Schule, und da kann man schon auf die Idee kommen, dass dies eine Verletzung der Religionsfreiheit sein kann. Es handelt sich ja nicht um eine Privatschule. Aber lassen wir einmal diese Frage. Die ist rechtlich sehr umstritten. In Wirklichkeit handelt es sich nach meiner Auffassung um ein ganz anderes Problem.

Was meinst du damit?

Ich meine, dass die Frage, ob sich eine Gesellschaft nach der Botschaft Jesu richtet, nicht danach beurteilt werden kann, wie das einige Politiker getan haben, ob Kreuze in den Klassenzimmern hängen, sondern dass dies von etwas ganz anderem abhängt. Wir müssten doch eigentlich die Frage stellen, was würde denn Jesus, der ja am Kreuz gestorben ist, zu den Fragen sagen, die wir heute haben? Wie würde er die Herausforderungen beantworten, was würde er zu dem Unrecht sagen, das auf der Welt vorhanden ist? Hätte er vor zwanzig Jahren gesagt «lieber rot als tot», oder würde er heute sagen, «das Boot ist voll, Deutschland den Deutschen», würde er sagen, «Arbeitslose sind Faulenzer», «was geht uns Tibet an», «Aktienboom statt Arbeitsplätze», «Kinder statt Inder»? Wären das heute seine Worte?

Jetzt stellst du uns plötzlich Fragen. Wir glauben, dass Jesus wahrscheinlich so etwas nicht sagen würde, sondern das Gegenteil.

Und wahrscheinlich wäre er auch nicht damit einverstanden, dass neulich die Polizei auf Anordnung der Kreisverwaltung eine kranke Frau aus Bosnien einfach in ihre Heimat abgeschoben hat, deren Mutter und Bruder Asylberechtigte in Holland geworden sind, deren Freund in Srebrenica ermordet worden ist und die nach ihrer schweren Krebsoperation mit Sicherheit in ihrem Heimatdorf keine medizinische Hilfe bekommen kann.

Du meinst also, wenn man einerseits für Kreuze in den Schulzimmern ist, aber sich in der Praxis als Politiker, als Minister unbarmherzig verhält, dann ist dies eine doppelte Moral?

Jesus kannte viele solcher Fälle. Und vor allem hat er die Praxis der Pharisäer angegriffen, die immer anders handelten als sie redeten. Deswegen ist der Begriff Pharisäer heute ein Begriff, mit dem man Menschen bezeichnet, die unwahrhaftig und gleichzeitig besserwisserisch sind. Und an die Adresse dieser Leute hat er ganz starke Worte gefunden. Er sagte wortwörtlich: «Ihr reinigt das Äußere des Bechers und der Schüssel, innen aber sind sie angefüllt mit Raub und Unmäßigkeit.» Er verglich sie mit übertünchten Gräbern, «die äußerlich zwar schön aussehen, innen aber voll sind von Knochen und Dreck». Er sagte weiter: «Ihr zeigt euch den Menschen nach außen als Gerechte, in eurem Innern aber seid ihr voll von Heuchelei.»

Kann man denn nicht verstehen, dass die Menschen, zum Beispiel die Pharisäer, die er so beschuldigt und gegen die er so starke Worte gefunden hat, nicht nur mit ihm nicht einverstanden waren, sondern dass sie ihn beseitigen wollten? Das kann man doch gut verstehen, wenn einer so mit ihnen redet.

Christen, die diese Botschaft ernst nehmen, geht es in der Regel genauso wie Jesus damals. Für viele der Gegner des Evangeliums ist die Botschaft Jesu eine Sache für die Irrenanstalt, ja sogar eine Gefahr für die Menschheit. Und die Pharisäer und Sadduzäer, die Schriftgelehrten, wollten von dieser Botschaft überhaupt nichts hören und behaupteten, Jesus sei pervers, sie sagten, er sei ein Teufel. Und sogar die Angehörigen der eigenen Familie trauten Jesus nicht. Als er eines Tages an den See Genezaret kam und ihm viele Leute nachliefen, wollten ihn seine Familienangehörigen gefangen nehmen und mit nach Hause schleppen. Sie glaubten, er sei verrückt geworden, so berichtet der Jesusbiograph Markus.

Wie ist die Geschichte ausgegangen?

Sie haben ihn nicht gekriegt. Er hat sich unter den anderen Leuten versteckt.

Aber kann man denn nun das Evangelium einfach in der Politik anwenden? Steht denn im Evangelium drin, was man in der Politik im Einzelnen zu tun hat?

Ja und nein. Ihr wisst ja, dass zum Beispiel im Iran oder im Sudan die Mullahs – das sind die Priester und Bischöfe im Islam – gleichzeitig Beamte und Minister sind, das heißt, dort wird die Religion zum staatlichen Gesetz gemacht. Das ist Sinn der Politik der Ajatollahs. Wer sich nicht daran hält, wird bestraft. Wenn wir jetzt in Deutschland mit der Botschaft von Jesus dasselbe machten, dann wären wir ja nichts anderes als christliche Ajatollahs. Das haben wir in der Kirchengeschichte auch schon gehabt mit ganz schlimmen Folgen. Zum Beispiel waren die Inquisition und auch die Hexenverbrennung nichts anderes als der wahnsinnige Versuch, das Evangelium in staatliches Gesetz zu übertragen und alle, die nicht fromm genug waren, zu foltern und umzubringen.

Also, was hat das Evangelium mit Politik zu tun?

Das Evangelium bringt auch für die Politik die große Botschaft der Liebe, der Versöhnung und des Friedens – wir haben es gerade diskutiert. Und es gibt uns – ich darf daran erinnern – ein Bild vom Menschen, das uns verbietet, die Welt in Menschen erster, zweiter und dritter Klasse einzuteilen, je nachdem, ob sie Deutsche oder Ausländer, Weiße oder Schwarze, Christen oder Juden, Frauen oder Männer sind. Das hat große politische Konsequenzen, wie wir ja schon miteinander beredet haben. Vieles, was Jesus gesagt hat, war auch eine Antwort auf ganze konkrete Ungerechtigkeiten, wovon wir übrigens heute noch lernen können.

Kannst du uns ein Beispiel sagen?

Zum Beispiel das Verbot der Scheidung, das Jesus ausgesprochen hat. Das war nicht im Sinne unseres Bürgerlichen Gesetzbuches eherechtlich gemeint, sondern sollte einen sozialen Schutz für die Frauen bedeuten. Die Frauen sollten in der Zukunft bewahrt werden vor willkürlicher Entlassung. Bei den alten Juden konnten die Männer zu ihrer Frau einfach sagen: Hau ab, ich verstoße dich – und dann war die Ehe beendet. Und dadurch sind viele Frauen in eine große Not gekommen.

Hast du noch ein paar andere Beispiele?

Zum Beispiel hat der Satz «Richtet nicht, auf das ihr nicht gerichtet werdet» einen ganz konkreten Zusammenhang, denn Jesus kritisiert damit die unbarmherzige Anwendung des Gesetzes auch gegenüber unglücklichen Menschen durch die Pharisäer. Wenn man einen solchen Satz verallgemeinerte, dann dürfte man weder die Republikaner noch die Rassisten in Serbien verdammen. In Wirklichkeit aber fordert dieser Satz, auf Selbstjustiz und Faustrecht zu verzichten und selbst in strengster Gesetzesauslegung die Barmherzigkeit nicht zu vergessen.

Als wir vor ein paar Tagen über den Nihilismus diskutierten, hast du vom richtigen Menschenbild geredet, das du gerade wieder erwähnt hast. Du sagtest, die Menschenwürde ist unantastbar, unabhängig davon, ob einer Weißer oder Schwarzer ist, Deutscher oder Ausländer. In der Schule werden aber viele CDs gehandelt und auch ausgeliehen mit einer ziemlich radikalen Musik, die ganz gut klingt, und da sind Rockmusik-Gruppen zu hören wie zum Beispiel «Kraftschlag», «Sturmwehr», «Zillertaler Türkenjäger». In diesen Songs wird ziemliche Stimmung gemacht gegen Ausländer, gegen Nichtdeutsche. Dadurch wird doch dann genau die Menschenwürde verletzt, von der du bisher geredet hast. Warum ist denn so etwas erlaubt?

An sich ist es nicht erlaubt. Man darf keine Literatur und auch keine Musik verbreiten, die die Völker gegeneinander aufhetzen. Aber es wird zu wenig kontrolliert.

Wenn man in der Schule diese Leute anspricht und zu denen sagt, lass doch diesen Scheiß bleiben, das ist doch alles widerwärtig, und davon wollen wir nichts wissen, dann bekommt man oft zur Antwort: Ach, das ist ja gar nicht so ernst gemeint, wir wollen nur ein bisschen provozieren und hauen halt gewaltig auf die Pauke, und außerdem trifft es ja nicht euch, sondern nur diese Kanaken, die da aus dem Ausland zu uns kommen.

Das sind doch alles faule Ausreden. Jesus hat solche Ausreden auch schon gekannt. Und er hat dazu ganz klare Worte gefunden. Er hat den Leuten schon damals eine ganz moderne Erkenntnis vermittelt, indem er sagte, dass nicht nur der Mörder hart bestraft werden müsse, sondern auch derjenige, der über seine Mitbürger schlecht rede, sie niedermache, sie beleidige. Und wer zu einem anderen sagt, du Kanake, du Kümmeltürke, du Lump, du Schmarotzer, der müsste laut Jesus vor das Hohe Gericht kommen und genauso bestraft werden wie derjenige, der einen anderen umbringt.

Das ist aber eine ziemlich harte Aussage. Wie kommt er denn dazu?

Jesus will damit nichts anderes sagen, als dass die Schreibtischtäter so schlimm sind wie die konkreten Mörder. Es gibt einen ähnlichen Spruch eines jüdischen Priesters, eines Rabbiners, der lautet: Wer seinen Nächsten hasst, gehört zu denen, die Blut vergießen. So ist es eben. Du sollst nicht töten, heißt es in den Zehn Geboten. Aber der Totschlag, und das ist die Botschaft von Jesus, beginnt im Herzen und im Kopf mit dem Hass gegen den anderen und seiner Verteufelung als «Menschenfeind», wie es in der Bibel hieß, oder als Schädling, als Ungeziefer, als Schmarotzer, als einer, der die Gesetze missbraucht, wie es bei uns über solche Leute heißt. Wer sich einer hasserfüllten, bösartigen Sprache gegenüber anderen bedient, der wird zum Schreibtischtäter, der genauso schlimm ist wie der eigentliche Täter.

Aber wir wissen doch, dass über Ausländer ständig schlecht geredet wird: Fidschis abklatschen, Kanaken, Asylmissbrauch, Ausländer raus oder «das Boot ist voll» schreien auch manchmal die Kinder in der Schule.

Die Kinder reden halt das nach, was die Erwachsenen sagen. Und deswegen haben diese auch die eigentliche Verantwortung. Die Sprache spielt eben eine ganz große Rolle. Wenn man zum Beispiel ständig vom Asylmissbrauch redet, also dass Asylbewerber den Staat ausnützen und Schmarotzer sind, dann glauben das eben auch die jungen Leute. Und dann wird aus Missbrauch oft Betrug, und dann werden die Ausländer sofort kriminalisiert.

Das haben wir neulich auch gehört, dass jemand gesagt

hat, man muss gegen die Ausländer ganz scharf vorgehen, weil die unseren Staat ausnutzen und die Gesetze missbrauchen. Und deswegen sei auch gar nichts dabei, die mal zu verprügeln, das hätten die verdient.

Das ist typisch, der Missbrauch Einzelner wird zum Vorwand genommen, um zum Beispiel Asylbewerberheime anzuzünden, weil man den Missbrauch bestrafen müsse.

Ist da nicht ein kleines bisschen etwas Wahres dran?

Aber denkt doch mal darüber nach, ob das richtig ist. Ich habe erst vor einiger Zeit gelesen, dass die Bundesanstalt für Arbeit regelmäßig feststellt, dass die Sozialversicherung Jahr für Jahr durch die Kombination von Schwarzarbeit und Arbeitslosengeld in Milliardenhöhe getäuscht und betrogen wird. Und die Steuergewerkschaft sagt, es würden pro Jahr über hundert Milliarden Mark Steuern hinterzogen. Also, wenn davon nur die Hälfte stimmte und davon wiederum die Hälfte bezahlt würde, dann hätte der Staat keine Finanzprobleme mehr. Wenn Missbrauch, egal, ob es sich um die Sozial- oder die Steuergesetzgebung handelt, dazu berechtigte, irgendetwas anzuzünden oder andere zusammenzuschlagen, dann müsste ganz Deutschland in Flammen stehen und wäre ein einziges Schlachtfeld.

Du hast davon gesprochen, dass die Botschaft von Jesus sich in Gegensatz stellt zu den vorherrschenden Verhältnissen, dass sie im Grunde genommen die Welt verändern müsste. Wo besteht denn für dich zurzeit der größte Widerspruch zwischen dem Evangelium und der gegenwärtigen Welt?

Ich glaube, dass es überhaupt nicht akzeptabel ist, dass heute das Geld zum alleinigen Götzen erklärt wird.

Aber es gibt doch das Sprichwort: Geld regiert die Welt. Und das ist ja auch eine Tatsache, daran kann man doch gar nichts ändern?

Daran kann man sehr wohl etwas ändern. Denn das Geld ist

doch nicht alles. Das Kapital ist nicht das Einzige, was einen Wert hat. Über den Kapitalismus haben wir im Zusammenhang mit Marx ja schon ausführlich diskutiert.

Aber vielleicht haben die Aktionäre ihr Geld ordentlich und redlich verdient?

Das kann gar nicht sein. Denn dieser Reichtum ist durch eine Explosion der Aktien zu Stande gekommen, der keine ökonomische Realität entspricht. Das Internetportal Yahoo hatte 2000 einen Aktienbesitz, der so groß war wie der von der BASF, VEBA und Lufthansa zusammengenommen, hatte aber keinen Dollar Gewinn gemacht. Alles Aktienwerte, die spekulative Optionen für die Zukunft darstellen. Die Gier nach Geld beherrscht die Gedanken und die Köpfe der Menschen, und dagegen müssen sich Christen zur Wehr setzen.

Müssten da die Kirchen nicht ein bisschen mehr Krawall machen?

Und zwar massiv. Leider hört man von den Kirchen nicht so viel. Ich habe vergeblich auf einen Aufschrei der Bischöfe und Kirchenpräsidenten gewartet, als zum Beispiel im Frühjahr 2000 die Dresdner Bank und die Deutsche Bank zusammengelegt werden sollten, unter anderem mit dem Ziel, 180 Filialen zu schließen und 17 000 Arbeitsplätze abzubauen, nur damit sich die Rendite um ein paar Prozent bei den Aktionären erhöht. Gleichzeitig sammeln in Madras 30 000 Kinder Altpapier für dreißig Pfennig pro Tag. Und in Pakistan werden achtzig Prozent aller Teppiche unter katastrophalen gesundheitlichen Bedingungen von Kindern geknüpft und dann bei uns in Europa oder in Amerika bei den Teppichhändlern preiswert verkauft. Und in Kolumbien müssen Tausende von Kindern täglich elf Stunden in Zechen Kohle schippen zum Tagelohn von 1,50 Mark, und von dieser billigen Steinkohle hat die Europäische Union allein 1992 zum Nutzen der europäischen Industrie 1,3 Millionen Tonnen importiert. Das ist doch ein absoluter Skandal, und nur ganz verblendete Egoisten können glauben, dass eine solche Wirtschaftsordnung noch etwas mit der Achtung der Menschenwürde, mit Gerechtigkeit, mit der menschlichen Vernunft, geschweige denn mit dem Evangelium zu tun hat.

Dagegen müsste eigentlich die ganze Welt aufstehen!

Das ist noch längst nicht alles. Der Leiter des Kinderhilfswerks UNICEF in Brasilien Agop Kayayan berichtet, in seinem Land, in Brasilien, würden rund 7,5 Millionen Jungen und Mädchen im Alter von sieben bis siebzehn Jahren als billigste Arbeitskräfte ausgebeutet. Besonders schlimm sei das Los der Hausmädchen, von denen 820 000 offiziell registriert seien. Die Dunkelziffer sei jedoch viel höher. Viele von ihnen würden sexuell missbraucht und dann hinausgeworfen, sobald sie schwanger werden. Dann stünden diese Mädchen auf der Straße und müssten sich an Männer verkaufen. Auf diese Weise geraten jedes Jahr über eine Million Mädchen in die Prostitution und werden von Zuhältern weltweit gehandelt und verkauft.

Das darf doch nicht wahr sein!

Es ist wahr. Das hängt damit zusammen, dass viele Leute an diesen Verhältnissen gut verdienen und die Politiker zu schwach sind, es zu ändern, selbst wenn sie das für falsch halten. Es fehlt ihnen ganz einfach der Mut, oft aber auch die moralische Kraft, um gegen diese Zustände vorzugehen. Es wird viel getan, aber ich glaube, es könnte viel mehr getan werden, wenn die Christen und vor allem eben auch die Kirchen, die eine große Macht haben, eine richtige Revolution gegen diese Verhältnisse in Gang setzen würden.

Hat es denn in der Zeit, in der Jesus gelebt hat, auch schon solche Zustände gegeben?

Das war ganz sicher so. Aber es gab damals nicht so viele Menschen, und die Schwierigkeiten bestanden eher darin, dass die Menschen in ihrer Armut sehr früh gestorben sind, die meisten schon mit fünfundzwanzig, mit dreißig Jahren, auch die Mehrzahl der Kinder, wenn sie auf die Welt kamen, gar nicht am Leben geblieben sind. Und ein weiteres Problem gab es dadurch, dass es damals ja kaum richtige Medikamente gegeben hat.

Wie hat sich denn Jesus dazu verhalten?

Ihr kennt in Landau das Evangelische Altenpflegeheim, das Bethesda heißt. Das gibt es in Deutschland oft, dass evangelische Krankenhäuser und Behinderteneinrichtungen diesen Namen tragen.

Woher kommt das?

In Jerusalem gab es zu der Zeit, in der Jesus lebte, beim Schaftor einen Teich, und der hieß auf Hebräisch Bethesda. Und an diesem Teich gab es fünf Säulenhallen, in denen viele Kranke lagen, die in dem Teich badeten, weil sie dachten, sie würden dadurch geheilt werden oder ihre Schmerzen würden gelindert, darunter viele Menschen, die wir heute einfach als Behinderte bezeichnen, also blinde, lahme und verkrüppelte Menschen. Jesus hat diese Menschen öfter besucht, und er hat sich überhaupt in seinem Leben viel mit den Krankheiten und den Behinderungen befasst. Er kümmerte sich um Leute, die von Geburt an blind waren, er heilte in Bethesda einen Mann, der schon 38 Jahre krank war. Wir würden also heute sagen einen chronisch Kranken.

Hat er denn allen Menschen geholfen, auch denen, die nicht zu seinem Volk gehörten?

Er heilte die Menschen unabhängig von ihrer Herkunft, Menschen aus Galiläa, der Dekapolis, aus Jerusalem, aus Judäa und auch aus dem Gebiet jenseits des Jordan. Er hat auch Römern geholfen, zum Beispiel dem gelähmten Diener eines römischen Hauptmanns und der Tochter der Syrophönizierin. Er hat sich um die Aussätzigen aus Samaria gekümmert und um geistig Behinderte aus Galiläa, die nicht mehr reden konnten.

Dann ist es ganz im Sinne des Evangeliums, was zum Beispiel das evangelische Diakonische Werk und die katholische Caritas machen?

Man muss die Kirchen und diese Einrichtungen wirklich loben. Wenn die Kirchen das nicht machen würden, dann wäre es erstens für den Staat sehr teuer, und zweitens würde er es nicht so gut machen wie die Menschen, die sich auch aus religiöser Gesinnung heraus um die kranken und die behinderten Menschen kümmern. Wobei dies nicht nur eine Eigenschaft der Christen ist. Es gibt viele andere Menschen, zum Beispiel beim Roten Kreuz oder beim Arbeiter-Samariter-Bund, die vielleicht gar keiner Kirche angehören, sich aber trotzdem Tag für Tag und Woche für Woche für die Menschen einsetzen. Doch ohne die Kirchen würde die ganze soziale Betreuung in Deutschland völlig zusammenbrechen. Hier machen die Kirchen wirklich eine gute Arbeit. Aber was wir brauchen ist eine weltweite Revolution, einen weltweiten Aufstand gegen diese großen millionenfachen Ungerechtigkeiten, über die wir gerade geredet haben.

Neulich hat eine Fernsehmoderatorin gesagt – und sie hat eine besonders schlimme Behinderung dabei im Auge gehabt –, die Behinderten seien zum großen Teil so hässlich, dass sie von Glück sagen müssten, dass sie sich auf der Straße nicht selber begegneten. Ich habe auch schon gelesen, dass man Behinderte aus Gaststätten gewiesen hat. Und der Vater von Joshua, der Baptistenpfarrer in Nigeria war und geflohen ist, hat bis heute keine Kfz-Versicherung gefunden für sein Auto. Warum werden diese Leute so schikaniert?

Sie haben etwas gemeinsam, sie gehören nämlich zu einer Minderheit und nicht zur Mehrheit der Einheimischen. Und dann gibt es genügend dumme Beamte und leider auch noch dümmere Politiker, die glauben, sie könnten diese Leute schlechter behandeln als die Mehrheit. Jedenfalls sollten sich Menschen, die sich Christen nennen, am besten gleich aus der Kirche abmelden, wenn sie so etwas tun. Denn zum Auffälligsten in der Heiligen Schrift zählt, wie sich Jesus mit Menschen, die zu solchen Minderheiten gehören, beschäftigt hat und dass er ihnen sogar, im Gegensatz zu den Fällen, die ihr gerade genannt habt, den Vorzug gibt vor den so genannten normalen Menschen.

Kannst du uns davon ein bisschen erzählen?

Da gab es einen blinden Bettler, der gehört hatte, dass Jesus vorbeikommt. Als Jesus dann da war, hatte er nach ihm gerufen und ihn um Hilfe gebeten. So, wie es immer wieder üblich ist und vorkommt, ärgerte das die Leute um Jesus herum, wahrscheinlich auch seine Jünger und Apostel. Vielleicht hatten sie etwas Bestimmtes mit Jesus geplant. Jedenfalls sagten sie zu dem Behinderten, er solle gefälligst den Mund halten und verschwinden, Jesus hätte jetzt etwas anderes zu tun. Aber Jesus setzte sich gegen seine Umgebung durch und half ihm. Genauso wie dem Krüppel, wie man früher gesagt hat, den er am Sabbat geheilt hat, obwohl die Schriftgelehrten und Pharisäer ihn beschuldigten, gegen das Gesetz zu verstoßen.

Hat Jesus sich das gefallen lassen?

Jesus hat sie gefragt: Was ist am Sabbat erlaubt, Gutes zu tun oder Böses, ein Leben zu retten oder es zu Grunde gehen zu lassen? Er hat einfach geholfen. Und im Evangelium steht, dass die Schriftgelehrten und Pharisäer von «sinnloser Wut erfüllt wurden». Jesus hat leidenden Menschen, zum Beispiel der Frau mit dem verkrümmten Rücken, den seelisch und geistig Kranken, den Mehrfachbehinderten, den Prostituierten, den verstoßenen Frauen, den angeblichen Ehebrecherinnen und den Ausländern zur Seite gestanden und sich dadurch oft den Zorn und den Unmut seiner Umgebung zugezogen, von kleinkarierten Leuten, aber auch von arroganten Gesetzesdienern und Besserwissern, wie man sie noch heute an den Stammtischen und in den Wirtschaftsabteilungen der Großbanken und an der Börse vorfindet.

Welche Einstellung hat unser Staat zu den Behinderten?

Das ist ein ganz trauriges Kapitel. Jetzt steht im Grundgesetz drin, dass niemand wegen seiner Behinderung benachteiligt werden darf. Das war ein langer Kampf, und es hat deswegen so lange gedauert, weil viele Rechtsexperten so wie die Schriftgelehrten zu Jesu Zeiten behauptet haben, wenn man die Behinderten aufnähme, dann könne ja jeder daherkommen und dann müsse man andere Minderheiten im Grundgesetz ebenfalls schützen. Mit solchen fadenscheinigen Argumenten ist die Sache über Jahre hindurch verschleppt worden. Ihr könnt sehen, es ist auch heute oft noch so, wie es damals war. Auch heute muss man mit denselben Dummköpfen kämpfen, mit denen schon Jesus zu tun hatte.

Und nicht nur bei uns! Neulich, bei einer Diskussion über die großartigen sportlichen Leistungen von Mädchen und Frauen in den letzten Jahren hat doch der Bahman Nuri gesagt, aus seinem Land, aus dem Iran, dürften Frauen und Mädchen an den Olympischen Spielen überhaupt nicht teilnehmen, weil die Frauen im Iran keinen Sport treiben dürften, zumindest nicht in der Öffentlichkeit. Kannst du uns einmal sagen, was das für eine Diskriminierung ist?

Es handelt sich ja nicht nur um die iranischen Frauen, sondern es gibt insgesamt 25 Staaten, die nur mit Männern zu den Olympischen Spielen kommen. Es sind fast ausschließlich muslimische Staaten aus Afrika und Asien. An sich dürften diese Länder zu den Olympischen Spielen überhaupt nicht zugelassen werden. Ihr könnt euch erinnern, dass man Südafrika wegen der Rassenapartheid jahrzehntelang von den Olympischen Spielen ausgeschlossen hat. Nach der olympischen Charta ist auch Geschlechtsapartheid verboten. Es darf niemand wegen seiner Rasse, seiner Religion noch wegen seines Geschlechts diskriminiert werden.

Was sind das eigentlich für Gründe, die immer wieder gegen die Frauen vorgebracht werden? Auch die Jasmin, die nicht in die Disco darf, kriegt Ärger, wenn sie Sport treibt und mit uns Mädchen unter die Dusche geht.

Es gibt eine weltweite systematische Diskriminierung von Frauen. Sie entspringt zu einem großen Teil dem Machtwahn der Männer, die dafür oft religiöse Gründe vorschieben. In vielen Staaten werden Frauen, wenn sie ins Gefängnis kommen, sexuell gefoltert, vergewaltigt. In anderen Staaten werden die Frauen durch die so genannte Beschneidung an den Geschlechtsteilen verstümmelt oder können von ihren Ehemännern einfach verstoßen werden.

Die haben ja alle einen Sprung in der Schüssel.

Was man da an Deklassierung, Demütigung, Verachtung und Verfolgung auf der ganzen Welt erlebt, das schreit einfach zum Himmel, und viele schauen da einfach zu, obwohl eigentlich ein weltweiter Protest das Richtige wäre. Eure Frage geht auch an die Adresse der Weltreligionen, auch an die christlichen Kirchen, vor allem aber an den Islam und an Teile des Hinduismus. Denn diese Diskriminierung hat zum großen Teil auch religiöse Gründe.

Dann wird die Religion auch gegen die Frauen missbraucht?

Das kommt aus dem Vorurteil und den Irrtümern der Theologie. Die Religion wird gegen die Frauen ausgelegt, und zwar von männlichen Priestern und Mullahs und Schriftgelehrten, die diese Dogmen errichtet haben, oft gegen den eigentlichen Sinn der Lehre, um ihre Macht zu erhalten. Deswegen werden zum Beispiel auf dem indischen Subkontinent Witwen verbrannt. Deswegen müssen in manchen islamischen Ländern Frauen in der größten Hitze tief verschleiert in schwarzen Burkas herumlaufen; aber auch in Europa haben wir noch Reste von Diskriminierung. Zum Beispiel dürfen Priester der katholischen Kirche nicht heiraten und Frauen nicht Priester werden.

Hast du eine Erklärung dafür, warum sich die katholische Kirche so verhält?

Man kann es eigentlich nur dadurch erklären, dass sich eben im Laufe der vergangenen 2000 Jahre innerhalb der katholischen Kirche eine Meinung durchgesetzt hat, die allerdings im Gegensatz steht zum Evangelium, dass man nämlich den Menschen teilt in den Körper und in die Seele und dass der Körper das Schlechte sei und die Seele und der Geist das Gute. Diejenigen, die so etwas vertreten haben, heißen Gnostiker und lebten im 4. Jahrhundert. Viele christliche Schriftgelehrte, Kirchenlehrer nennt man sie in der katholischen Kirche, haben das übernommen und die Frauen als die verkörperte Versuchung, das eigentliche Böse dargestellt. So kam es auch zu den Hexenverbrennungen. Für die Diskriminierung der Frau im kirchlichen Leben gibt es aber im Evangelium überhaupt keine Stütze.

Wie hat sich denn Jesus zu den Frauen verhalten?

Die Evangelien schildern Jesus als großen Freund der Frauen, und er zeigte ein fast revolutionäres Verhalten im Vergleich zu dem, was damals die Praxis war. Ich habe euch ja schon vorher erzählt, dass er sich für die Gleichberechtigung von Frauen und Männern in der Ehe ausgesprochen hat. Jesus kannte die Erniedrigung, die Armut und die Abhängigkeit und die Not der Frauen in der patriarchalen Gesellschaft, die Sorgen in Ehe und Haushalt, die Hilf- und Wehrlosigkeit von Frauen als Opfer einer Scheidung oder ihre Situation als Witwen, ihr Elend als Prostituierte und ihre Verzweiflung als angeschuldigte Ehebrecherinnen. Das alles hat ihn sehr bewegt und hat in vielen Fällen dazu geführt, dass er ihre Partei ergriffen hat.

Das war damals wahrscheinlich ein sehr riskantes Verhalten.

Er setzte sich in Gegensatz zu dem, was damals die Schriftgelehrten und die mächtigen Sadduzäer gesagt haben. Einer ihrer Hauptvorwürfe gegenüber Jesus war, dass er sich mit Frauen, auch so genannten Sünderinnen, an einen Tisch setzte. Er aß mit ihnen, er trank mit ihnen, und dadurch missachtete er nicht nur die geltenden Rechtsvorschriften, sondern stellte sich demonstrativ an ihre Seite, um ihnen zu helfen. Er hat sich auch gegen die barbarische Praxis gewandt, Ehebrecherinnen zu steinigen. Eine Praxis, die es heute leider Gottes noch in vielen Ländern der Welt gibt, zum Beispiel in Pakistan oder Bangladesch, ja sogar in Saudi-Arabien.

Uns fällt auf, dass in der letzten Zeit immer mehr Kirchengemeinden, vor allem evangelische Kirchengemeinden, Flüchtlinge in ihre Kirchen aufgenommen haben, die abgeschoben werden sollten. Was steckt denn dahinter, dass sich besonders die Kirchen um die Ausländer kümmern wollen?

Es gibt im Evangelium wenige Aussagen, die so eindeutig und klar sind wie die Gebote, nach denen sich Christen gegenüber Fremden und Flüchtlingen zu verhalten haben. Schon im Alten Testament hieß es, «einen Fremden sollst du nicht ausbeuten». Und an einer Stelle: «Wenn ein Fremder in eurem Land lebt, sollt ihr ihn nicht unterdrücken.» Wortwörtlich: «Der Fremde, der sich bei euch aufhält, soll euch wie ein Einheimischer gelten, und ihr sollt ihn lieben wie euch selbst, denn ihr seid selbst fremd in Ägypten gewesen.»

Ist das eigentlich nicht selbstverständlich, denn die Menschen haben alle dieselbe Würde, und außerdem ist das Christentum ja auch eine Weltreligion, in der Menschen aller Nationen und aller Rassen und jeglicher Hautfarbe versammelt sind?

Diese Einstellung entspricht auch dem obersten Gebot der Nächstenliebe, einem Gebot, das einfach universelle Geltung haben muss. Paulus schreibt zum Beispiel in einem Brief, es gebe keine Juden und Griechen, nicht Sklaven oder Freie, nicht Männer und Frauen, sondern alle seien «Einer» in Jesus. Und einer der schönsten Berichte in den Evangelien, nämlich der Bericht über Pfingsten, schildert die Vision vom Reich Gottes, das alle nationalen Grenzen überschreitet. Der Pfingstgeist ermöglicht es allen, die Botschaft vom Anbruch einer neuen Zeit in der jeweils eigenen Sprache zu vernehmen. Der Fremde im Neuen Testament ist eben nicht der Ausgeschlossene, sondern ein Freund und Gast.

Ist denn das, was du uns zu Jesus erzählt hast, auch allen Christen gegenwärtig? Manchmal haben wir den Eindruck, dass das gar nicht alle verstehen, sondern sie sich auch gegenüber Behinderten falsch verhalten, eine restriktive Ausländerpolitik verlangen und über Sozialhilfeempfänger und arme Leute schlecht reden.

Sie müssten eigentlich nur eine der wichtigsten Reden lesen, die Jesus gehalten hat, nämlich die Endzeitrede, wo er die Einstellung zu den Fremden und anderen Not leidenden Menschen zum entscheidenden Kriterium des menschlichen Zusammenlebens macht. Und diese Rede richtet sich auch heute mit ihrer ganzen Wucht an uns alle.

Was sagt er denn in dieser Rede?

In diesem unglaublich mitreißenden Dokument wird geschildert, dass Jesus am Ende der Welt die Menschen um sich versammelt und er sie auf die linke und auf die rechte Seite einteilt und er zu denen auf der rechten Seite sagt: «Ihr seid willkommen, denn als ich Hunger hatte, habt ihr mir zu essen gegeben, als ich durstig war zu trinken, als ich ein Fremder war, habt ihr mich aufgenommen, als ich im Gefängnis war, mich besucht, als ich krank war, habt ihr mich gepflegt, und als ich fror, gabt ihr mir Kleider.» Und dann haben die erstaunten Leute ihn gefragt, ja wann haben wir dir denn jemals zu essen und zu trinken und dir Kleider gegeben oder dich besucht? Und daraufhin sagt Jesus zu ihnen, selbst wenn ihr es dem Ärmsten und Elendesten getan habt, dann habt ihr es mir getan. Und über die anderen auf der linken Seite, die das Gegenteil getan hatten, spricht er ein vernichtendes Urteil.

Nun haben wir sieben Gespräche über Gott geführt. Wissen wir jetzt, wo er ist?

Ich jedenfalls weiß, wo ich ihn finden könnte. Nicht so sehr in der Natur, da auch, aber nicht überall. Nicht beim Fressen und Gefressenwerden. Aber wir können ihn vielleicht finden in der «kosmischen Singularität» vor dem Urknall, in der Liebe der Menschen, in der Überwindung des Bösen, in der Musik von Bach, Mozart und Beethoven und in dem Menschen Jesus. Und wir haben erfahren, dass man Gott nicht beweisen kann wie den Satz des Pythagoras oder dass $2 \times 2 = 4$ ist, dass aber die Naturwissenschaften der möglichen Existenz Gottes nicht widersprechen und dass es Gründe der praktischen Vernunft gibt, wie Kant es sagt, die die Anwesenheit Gottes begründen: Der Glaube an Gott gibt dem Leben mehr Sinn, als wenn es ihn nicht gäbe. Wir haben auch gelernt zu unterscheiden zwischen der grundsätzlichen Frage, ob es einen Gott gibt und ob ich persönlich an ihn glaube. Nicht alles kann man mit der Vernunft erfassen, und nicht alles, was wir mit der Vernunft erfassen können, ist für unser Leben wichtig. Ob man geliebt wird oder nicht, ist für uns oft eine existenzielle Frage. Oft wissen wir es aber nicht und können es nur hoffen und glauben. Trotzdem ist diese Hoffnung und dieser Glaube dann für uns wichtiger als ein mathematischer Lehrsatz oder die Relativitätstheorie. Für die ganze Welt sind wir irgendjemand, aber für irgendjemand sind wir die ganze

Welt. Ob dieser Satz in unserer Existenz stimmt, treibt uns mehr um als die Gesetze der Schwerkraft. Da die Existenz Gottes der Vernunft nicht widerspricht, die Vernunft aber nicht alles erfasst, was existiert, bleibt Raum für die Religion und für den Glauben an Gott. Die Existenz Gottes ist, so würde es Kant ausdrücken, ein praktisches Postulat, das heißt, sie ist für die Existenz und das Handeln des Menschen notwendig. Oder anders ausgedrückt: Es ist moralisch notwendig, die Existenz Gottes anzunehmen. Deswegen ist es für mich, vielleicht auch für euch, nicht wesentlich, ob die Existenz Gottes objektiv wahr ist, sondern ob sie *für mich* und für euch wahr ist. So steht es in der indischen Vedanta: «Ein jeder muss für sich das Wahre selber finden. Dann mag er's, frei von Streit, auch anderen verkünden.»

Literaturhinweise

Anregungen zu diesem Buch verdanke ich vor allem dem Buch von Hans Küng: «Existiert Gott?», Piper 1978, ferner folgenden Büchern:

Eugen Drewermann: «Gedanken des Friedens, nicht des Leidens», Pendo 2000

Umberto Eco/Carlo Maria Martini: «Woran glaubt, wer nicht glaubt», Paul Zsolnay 1998

Fynn: «Hallo, Mister Gott, hier spricht Anna», Fischer Taschenbuch 1982

Neil de Grasse-Tyson: «Merlins Reise durch das Universum», Piper 1999

Stephen Hawking/Roger Penrose: «Raum und Zeit», rororo 2000

Craig J. Hogan: «Das kleine Buch vom Big Bang», dtv 2000

John Horgan: «An den Grenzen des Wissens», Fischer Taschenbuch 1996

Hans Küng: «Spurensuche», Piper 1999

Hans Maier: «Welt ohne Christentum, was wäre anders?», Herder Taschenbuch 1999

Gerald Messadie: «Teufel, Satan, Luzifer», dtv 1999

Georg Moser: «Wie finde ich zum Sinn des Lebens», Herder 1978

Eugen Ruckstuhl: «Jesus, Freund und Anwalt der Frauen», Kath. Bibelwerk Stuttgart 1996

Rudolph Taschner: «Das Unendliche», Springer 1995

«Der Sinn des Lebens», dtv 2000

Über den Autor

Dr. Heiner Geißler, geb. am 3. März 1930, verheiratet, drei Söhne, vier Enkelkinder, studierte als Mitglied des Jesuitenordens vier Jahre Philosophie in München und anschließend Rechtswissenschaften an der Universität Tübingen. Er war Richter, dann Jugend-, Sozial- und Sportminister in Rheinland-Pfalz, Bundesminister für Jugend, Familie und Gesundheit in Bonn. Seit 1980 ist er als Abgeordneter der Südpfalz im Deutschen Bundestag, Mitglied des

Foto: J. H. Darchinger

Ausschusses für Menschenrechte und Humanitäre Hilfe sowie des Auswärtigen Ausschusses.

National und international galt sein Einsatz der Wahrung der Menschenrechte. Zahlreiche sozialpolitische Neuerungen wie die Einführung von Sozialstationen, Erziehungsgeld und Erziehungsurlaub, Anerkennung von Erziehungsjahren in der Rentenversicherung, Reform des Kriegsdienstverweigerungsrechtes sowie das erste Kindergarten-, Krankenhausreform- und Sportförderungsgesetz wurden von ihm durchgesetzt. Als Generalsekretär machte Heiner Geißler die CDU zu einer Programmpartei und einer schlagkräftigen politischen Organisation, Marksteine sind seine Konzeption der Neuen Sozialen Frage, der Multikulturellen Gesellschaft und der Internationalen Sozialen Marktwirtschaft.

Seine bekanntesten Buchveröffentlichungen sind: «Die Neue Soziale Frage», «Abschied von der Männergesellschaft», «Zugluft – Politik stürmischer Zeit», «Heiner Geißler im Gespräch mit Gunter Hofmann und Werner A. Perger», «Der Irrweg des Nationalismus», «Bergsteigen», «Das nicht gehaltene Versprechen: Politik im Namen Gottes», «Zeit, das Visier zu öffnen».

Heiner Geißler ist begeisterter Bergsteiger, Kletterer und Gleitschirmflieger.